KB261699

4차 산업혁명, 비즈니스 트렌드

김민구 지음

가상현실 | 증강현실 | 융합현실편

정보문화사
Information Publishing Group

4차 산업혁명, 비즈니스 트렌드

초판   1쇄 발행 | 2017년 03월 15일
초판   2쇄 발행 | 2018년 03월 20일

지 은 이 | 김민구
발 행 인 | 이상만
발 행 처 | 정보문화사

책 임 편 집 | 최동진
편 집 진 행 | 노미라

주   소 | 서울시 종로구 대학로 12길 38 (정보빌딩)
전   화 | (02)3673-0037(편집부) / (02)3673-0114(代)
팩   스 | (02)3673-0260
등   록 | 1990년 2월 14일 제1-1013호
홈 페 이 지 | www.infopub.co.kr

I S B N | 978-89-5674-736-1

머리말

필자는 가상현실에 관심이 많아 3년 전부터 가상현실(VR)과 관련한 정보를 수집해 왔습니다. 그러던 중 페이스북이 가상현실 기기를 개발한 신생기업 '오큘러스'를 무려 23억 달러(약 2조 5천억 원)에 인수한다는 기사를 접하고, 페이스북이 오큘러스를 인수하게 된 배경은 무엇인지, 향후 가상현실은 어떻게, 어떤 모습으로 발전할 것인지 등에 대한 궁금증이 생겨 인터넷을 검색하기 시작했습니다. 하지만 인수 사실 이외에는 그 어떤 정보도 얻을 수 없었습니다.

그렇게 시간이 흘러 2016년 1월, 미국에서 열리는 CES(세계최대전자박람회) 행사장의 소식을 유튜브로 접하면서 가상현실에 대해 평소 느끼고 있었던 갈증을 모두 해소할 수 있었습니다. 오랫동안 찾아 헤매던 많은 정보를 인터넷 기사가 아닌 단 한 편의 동영상을 통해 한 번에 얻을 수 있었던 것이지요. 필자는 그때 100개의 기사를 읽는 것보다 10분짜리 동영상 한 편을 시청하는 것이 훨씬 효과적이라는 사실을 깨달았습니다.

이후 필자는 증강현실(AR), 융합현실(MR), 사물인터넷(IoT), 인공지능(AI), 커넥티드 카, 자율주행, 빅데이터, 머신러닝, 딥러닝 등과 같은 ICT 관련 정보를 다양한 매체를 통해 수집하기 시작했고, 이를 계기로 가상현실과 증강현실, 융합현실에 관련된 강의를 하게 되었습니다.

이 책에는 사물인터넷, 인공지능과 결합된 여러 가지 상황, 그리고 미래에 실현될 것이라 예상되는 콘텐츠와 트렌드에 대한 필자의 생각이 담겨 있습니다. 또한 필자가 오랫동안 수집해 온 155개의 관련 사례와 450여 장에 이르는 이미지를 제공함으로써 독자들이 미래를 예측하고 대비하는 데 조금이나마 도움이 되고자 노력했습니다. 이 밖에도 앞으로 가상현실과 증강현실 기술이 보편화되면 기업들의 마케팅이 지금보다 활발해질 것이라는 사실을 바탕으로 마케팅 담당자들에게 다양한 아이디어 소재를 제공하는 데 중점을 두었습니다.

이 책이 여러분의 상상력을 풍부하게 하고 아이디어를 구현하는 데 조금이나마 도움이 되기를 바랍니다.

김민구

이 책의 구성

각 파트에서 소개될 내용에 해당하는 대표 이미지를 볼 수 있습니다.

각 파트에서 소개될 내용에 대해 간략하게 설명합니다.

2-1 } **VR게임**
VR, 한계는 없다

보이는 모든 것이 VR기술이라고 단정 짓는 분들이 많습니다. 그렇지 않습니다. 직접 경험해 본 사람은 압니다. 보고, 듣고, 겪게 되는 모든 상황이 VR이라는 사실을, 여기 그 모든 것을 충족해줄 수 있는 VR게임과 관련 기기 몇 가지를 소개합니다.

로보리콜

Robo Recall Announce Trailer
출처 Epic Games, https://youtu.be/MlK4D0kVIIs

VR게임 중 가장 재미있는 게임 하나를 추천해 달라고 부탁하면 직접 시연해 본 많은 사람들은 에픽게임즈가 개발한 '로보리콜(Robo Recall)'을 얘기합니다. 2017년 초 출시예정인 로보리콜은 전작인 '블릿 트레인(Bullet Train)'을 바탕으로 개발되었습니다. 오큘러스 리프트 전용으로 개발되어 무료로 서비스되는 매력적인 요소를 안고 있는 동시에 더욱 선명해진 그래픽과 훨씬 부드럽고 자유로워진 순간이동을 보여준다는 측면에서 게임의 몰입감을 더욱 증대시켰습니다. 언리얼 엔진 4의 장점들을 그대로 살린 화려한 그래픽과 액션, 다양한 무기와 이동 수단 등 전작의 장점은 키우고, 단점은 보완하여 완성도 높은 게임을 만들었다는 평을 받고 있습니다. 마치

해당 내용의 콘텐츠 사례를 소개합니다.

소개된 사례 내용과 관련된 영상은 QR 코드로 확인할 수 있습니다.

[QR 코드 보는 방법]

QR 코드 앱을 다운받아 실행 후, QR 코드 이미지에 가져가면, 해당 영상을 시청할 수 있습니다.
또는 '네이버' 앱 검색창 'QR 코드'를 검색한 후 실행할 수도 있습니다.

이 책은 실생활에서 접해 볼 수 있는 VR, AR, MR 등이 어떻게 쓰여지고 있으며, 향후 VR 및 AR 기술이 어떻게 활용될 것인지 실제 사례를 중심으로 풀어보고자 합니다. 또한, 관련 사례의 경우 QR 코드를 통해 영상을 확인할 수 있습니다. 기술적 구현 문제와 VR, AR 콘텐츠 시청 시 어지러움, 멀미 등의 문제가 숙제로 남아 있지만, 지금의 관심도라면 문제들을 예상보다 일찍 해결하고 실생활에 적용되지 않을까 생각합니다.

가상현실과 증강현실, 융합현실 기술이 사물인터넷 또는 인공지능과 결합되었을 때를 가정한 필자의 미래 가치 전망을 담았습니다.

해당 내용의 트렌드 흐름을 필자의 기준에서 담았습니다.

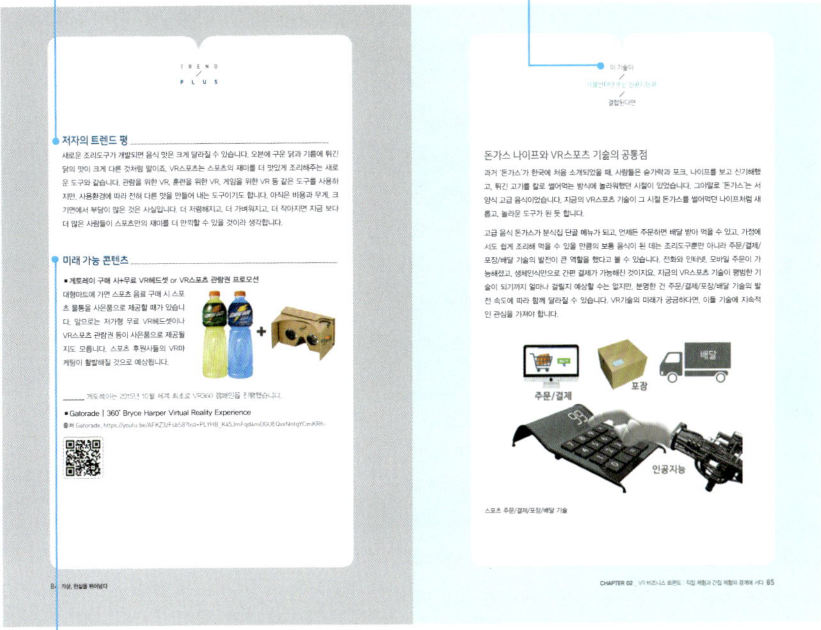

TREND / PLUS

저자의 트렌드 평

새로운 조리도구가 개발되면 음식 맛은 크게 달라질 수 있습니다. 오븐에 구운 닭과 기름에 튀긴 닭의 맛이 크게 다른 것처럼 말이죠. VR스포츠는 스포츠의 재미를 더 맛있게 조리해주는 새로운 도구와 같습니다. 관람을 위한 VR, 훈련을 위한 VR, 게임을 위한 VR 등 같은 도구를 사용하지만, 사용환경에 따라 전혀 다른 맛을 만들어 내는 도구이기도 합니다. 아직은 비용과 무게, 크기면에서 부담이 많은 것은 사실입니다. 더 저렴해지고, 더 가벼워지고, 더 작아지면 지금 보다 더 많은 사람들이 스포츠만의 재미를 더 만끽할 수 있을 것이라 생각합니다.

미래 가능 콘텐츠

■ 게토레이 구매 시+무료 VR헤드셋 or VR스포츠 관람권 프로모션

대형마트에 가면 스포츠 음료 구매 시 스포츠 물통을 사은품으로 제공할 때가 있습니다. 앞으로는 저가형 무료 VR헤드셋이나 VR스포츠 관람권 등이 사은품으로 제공될지도 모릅니다. 스포츠 후원사들의 VR마케팅이 활발해질 것으로 예상됩니다.

게토레이는 2015년 10월 세계 최초로 VR360 캠페인을 진행했습니다.

■ Gatorade | 360˚ Bryce Harper Virtual Reality Experience

출처 Gatorade, https://youtu.be/AFKZ3zFsb58?list=PLYHB_K45JmFqd4m0GUEQvxNntqYCmKRh-

이 기술이 / 사물인터넷 또는 인공지능과 / 결합된다면

돈가스 나이프와 VR스포츠 기술의 공통점

과거 '돈가스'가 한국에 처음 소개되었을 때, 사람들은 숟가락과 포크, 나이프를 보고 신기해했고, 튀긴 고기를 칼로 썰어먹는 방식에 놀라워했던 시절이 있었습니다. 그야말로 '돈가스'는 서양식 고급 음식이었습니다. 지금의 VR스포츠 기술이 그 시절 돈가스를 썰어먹던 나이프처럼 새롭고, 놀라운 도구가 된 듯 합니다.

고급 음식 돈가스가 분식집 단골 메뉴가 되고, 언제든 주문하면 배달 받아 먹을 수 있고, 가정에서도 쉽게 조리해 먹을 수 있을 만큼의 보통 음식이 된 데는 조리도구뿐만 아니라 주문/결제/포장/배달 기술의 발전이 큰 역할을 했다고 볼 수 있습니다. 전화와 인터넷, 모바일 주문이 가능해졌고, 생체인식만으로 간편 결제가 가능해진 것이지요. 지금의 VR스포츠 기술이 평범한 기술이 되기까지 얼마나 걸릴지 예상할 수는 없지만, 분명한 건 주문/결제/포장/배달 기술의 발전 속도에 따라 함께 달라질 수 있습니다. VR기술의 미래가 궁금하다면, 이들 기술에 지속적인 관심을 가져야 합니다.

스포츠 주문/결제/포장/배달 기술

CHAPTER 02 _ VR 비즈니스 트렌드 : 직접 체험과 간접 체험의 경계에 서다 85

앞으로 기술 개발에 있어 가능한 콘텐츠가 추가되었으면 하는 요소를 담았습니다.

[현실과 가상이 만들어내는 세계 _ 알아두세요]

가상현실(VR), 증강현실(AR), 융합현실(MR) 뿐만 아니라 새롭게 등장하는 ICT(Information and Communications Technologies) 관련 기술에도 관심을 갖었으면 합니다. 책에서 제시된 다양한 사례를 통해 생각과 상상을 융합하여 계속해서 만들어내는 자신만의 노하우가 필요합니다.

GALLERY

01 02
03
04 05
06 07

01_진정한 VR게임 '로보리콜'
02_솔로남을 위한 가상연애 'PS VR'
03_기대되는 VR게임 'PROJECT CARS VR'
04_성인용 VR제작현장을 가다
05_미리보는 VR쇼핑
06_NBA VR티켓으로 즐겨라 'NEXTVR'
07_소셜VR 시대를 열다 '페이스북'

08 09
10 11
12

GALLERY

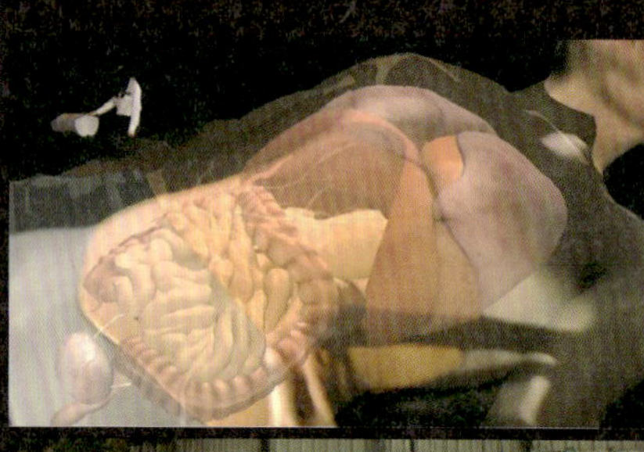

13
14 15
16 17

13_동화책과 영상의 경계에서 새로운 재미를 발견하다
14_도로 위를 달리는 스마트폰 'AR BMW'
15_세계 최초 의료용 AR인체 시뮬레이션 도구, 메디심 (Medisim)'
16_이케아 AR쇼핑을 가다
17_AR산업현장을 기다 '게디필라'

POKÉMON GO
customer support
Hey Juliana Restrepo, great to see you! What can I do for you today?
GH2STBUSTERS

목차

CHAPTER 01

키워드 & 브랜드
익숙함에 익숙해지다

CHAPTER **02**

VR 비즈니스 트렌드
직접 체험과 간접 체험의 경계에 서다

목차

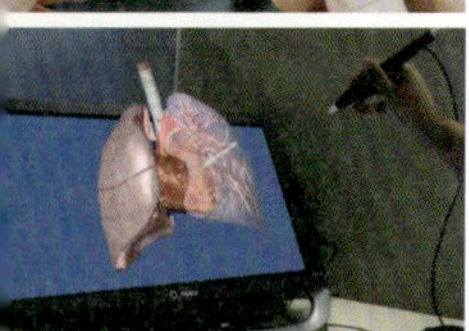

CHAPTER 04

MR 비즈니스 트렌드
VR과 AR이 만나 새로운 리얼리티가 탄생하다

VR
VIRTUAL REALITY

CHAPTER 01

키워드 & 브랜드

익숙함에 익숙해지다

익숙하지 않은 새로운 무언가에 익숙해지고 싶다면, 가장 먼저 익숙해져야 하는 것은 무엇일까요?

한 가지 예를 들어보겠습니다. 미국에서는 주유소를 GAS Station이라 부릅니다. 분명 Oil을 넣는 곳인데, 왜 GAS라고 부르는 걸까요? 콩글리쉬 커뮤니케이터 필자의 입장에서는 도무지 이해되지 않지만, 굳이 이유까지 알아야 할 필요는 없다고 생각합니다. 그냥 그들이 GAS Station이라고 부르면 그런 거니까요. 그렇습니다. 익숙하지 않는 무언가에 빠르게 익숙해지기 위해서는 그들만의 언어에 먼저 익숙해져야 합니다. VR, AR, MR이라는 새로운 분야에 빨리 익숙해지기 위해서는 그들만의 키워드와 브랜드에 대해 먼저 익숙해져야 할 필요가 있습니다.

대표적인 키워드와 브랜드 10가지를 준비했습니다.

VR(가상현실)

"해리포터처럼 투명 망토를 입고 싶어요."

"뽀로로 집에서 크롱이랑 같이 놀고 싶어요."

"우주선 타고 화성에 가고 싶어요."

"LOL(리그오브레전드 온라인 RPG 게임) '질리언(마법사:게임 캐릭터)'이 돼서 싸워보고 싶어요."

"두바이 7성급 호텔, 버즈 알 아랍호텔 스위트룸에서 하룻밤 자보고 싶은 게 꿈입니다."

현실에선 불가능했던 모든 일들이 VR(Virtual Reality, 가상현실)에선 가능합니다. 물론, 관련 장비가 갖춰진다면 말이죠. MS사가 만든 창문(윈도우)을 통해 쉽게 온/오프라인을 드나들 수 있었듯이 이젠 VR기술을 통해 쉽게 가상세계를 드나들 수 있습니다. 지금 당신이 머물고 있는 현실을 제외한 모든 곳이 가상현실이 되는 곳, 이를 일컬어 VR이라고 합니다.

관련 브랜드

페이스북 '오큘러스', HTC '바이브', 소니 'PS VR', 삼성 '기어VR', 구글 '데이드림뷰', 인텔 '얼로이', 아미간트 '글리프', LG '360VR', FOVE '포브', MSI 'VR원', 기타 등등.

_____ VR 특징 우리에게 익숙한 TV나 컴퓨터 모니터와 달리 VR은 두 개의 디스플레이를 통해 왼쪽 눈과 오른쪽 눈에 각각 다른 화면을 제공합니다. 인간이 물체를 인식할 때, 좌우 눈에서 받아들이는 이미지를 뇌에서 결합해 하나로 보여주는 원리에서 착안된 것입니다. 때문에 대다수의 VR기기들은 잠수부 수경과 유사한 형태를 띠고 있습니다.

AR(증강현실)

　　뽀로로 티셔츠를 입었는데 실제 캐릭터가 튀어나와 움직인다면, 그것은 AR(Augmented Reality, 증강현실)입니다. 해리포터 마술봉을 돌리며 주문을 외웠는데 레이저 같은 빛이 발사된다면, 그것 또한 AR입니다.

두바이 호텔 근처 해변에서 백마를 타고 달린다면, 그것은 그냥 호텔 옵션상품일 뿐 AR은 아닙니다. 그 말을 타고 누군가 이대(이화여대)에 등교하는 모습을 보았다면, 그것은 AR기술로 구현이 가능합니다. 물론, 현실일 수도 있겠지요.

역시나 그냥 되는 것은 아닙니다. AR관련 장비가 갖춰져야 가능합니다. 이처럼 현실에서 3차원의 가상물체를 겹쳐서 보여주는 기술을 AR이라고 합니다.

관련 브랜드

닌텐도/나이앤틱 '포켓몬 고', 기타 등등

출처 @PokemonGO(페이스북)

MR(융합현실)

파스타면에 고추장 소스를 넣어 조리하고, 뚝배기에 담아낸다면, 이것은 한식일까요? 이태리식 음식일까요?

쌀로 만든 도우에 불고기 토핑을 얹어 만든 피자라면, 이것은 한식일까요? 이태리식 음식일까요?

사람들은 이를 퓨전요리라고 부릅니다. 그렇습니다. VR(가상현실)의 특징과 AR(증강현실)의 특징이 맛있게 어우러진 콘텐츠를 MR(Mixed Reality, 융합현실)이라 부릅니다. 마치 짜장면과 짬뽕을 한 그릇에 담아낸 짬짜면 정도로 이해하면 좋을 거 같습니다.

관련 브랜드

매직리프, MS홀로렌즈, 더 보이드, 제로라텐시, 스테레오랩스 '링크', 기타 등등

PC 연동형/콘솔 연동형/
스마트폰 연동형

삼겹살을 숯불에 구우면 직화구이 삼겹살이라고 합니다. 연기에 익히면 훈제구이, 솥뚜껑에 구우면 솥뚜껑 삼겹살, 벌집 모양으로 칼집을 내면 벌집 삼겹살이라고도 하지요. 공통점은 어떻게 먹어도 맛있다는 사실입니다. VR기기도 마찬가지입니다. 가상현실을 즐기는 방식은 각기 다르지만, 어떻게 사용해도 재미있다는 공통점이 있습니다. 방식에는 크게 세 가지가 있습니다. 첫 번째로 PC에 연결하여 사용하는 PC 연동형이 있습니다. 오큘러스 리프트(Oculus Lift)와 바이브(Vive), FOVE '포브'가 이에 해당하는 대표적인 제품입니다.

두 번째로 게임만을 위해 별도로 제작된 콘솔에 연결하여 사용하는 콘솔 연동형이 있습니다. 소니사가 만든 PS VR이 대표적인 제품입니다.

마지막으로 스마트폰을 기반으로 사용하는 스마트폰 연동형이 있습니다. 삼성의 '기어VR'과 구글의 '데이드림뷰', 구글 '카드보드', 샤오미 '미VR'이 이에 해당하는 대표적인 제품입니다.

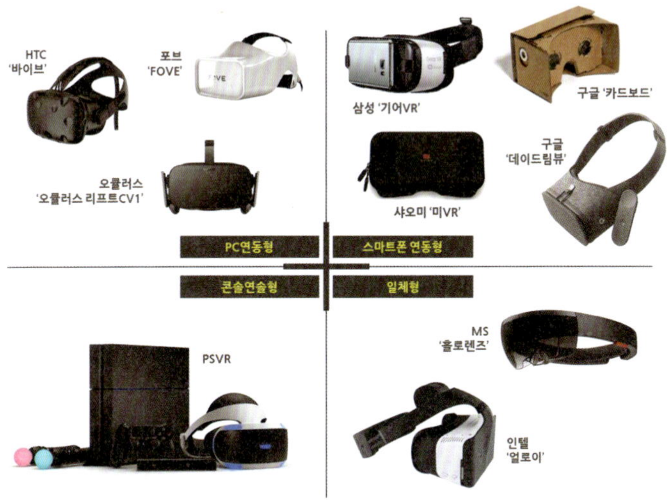

HMD

　　남산 위에 올라 도시를 내려다보면 거리를 거니는 사람들은 마치 개미처럼 작게 보입니다. 반대로 손가락 위에 개미를 얹고 눈 가까이에 가져다 대면 매우 크게 보입니다. 갑작스레 안경에 좁쌀만한 크기의 날벌레가 날아들면 크게 놀랐던 기억 하나쯤은 있을 거라 생각합니다. VR기술의 특징은 이처럼 인간의 시각적인 감각을 최대한 활용한다고 볼 수 있습니다.

이를 위해서는 헤드셋을 착용해야 하고, 선명한 화질과 자연스런 효과를 극대화하기 위해 다양하고 복잡한 기술이 필요합니다. 이처럼 눈앞에 거대한 화면을 보기 위해 머리에 착용하는 디스플레이 기기를 HMD(Head Mounted Display)라고 부릅니다. 스마트폰과 연동하여 사용하는 기기가 상대적으로 저렴하지만, PC나 콘솔 연동형 제품에 비해 몰입감은 많이 미흡합니다.

VR HMD 비교

플랫폼	제조사	기기	가격	무게	시야각	주사율	해상도
PC 연동형	오큘러스 (페이스북에 인수)	오큘러스 리프트CV1	599달러	470g	110도	90Hz	2160×1200
	HTC	바이브	799달러	555g	110도	90Hz	2160×1200
	Pimax	Pimax	375달러	400g	110도	90Hz	4K(3840×2160)
	FOVE	포브	399달러	400g	100도	60Hz	2560×1440
	레이저	OS VR	약 300달러	400g	100도	120Hz	2560×1440
	기가바이트	3 글래시스 D2	399달러	246g	110도	60Hz	2560×1440
콘솔 연동형	소니	PS VR	399달러	610g	100도	120Hz	1920×1080

플랫폼	제조사	기기	가격	무게	시야각	주사율	해상도
일체형	MS	홀로렌즈	3,000달러 (개발자용)	579g	–	–	–
	인텔	얼로이	–	–	–	–	–
	스테레오랩스	링크 Linq	약 50~80 만 원 (추측)	–	–	–	–
스마트폰 연동형	삼성	기어VR	약 7~12 만 원	318g	96도	–	–
	구글	데이드림뷰	약 8~9 만 원	220g	–	–	–
		카드보드 2.0	약 2,500원 (미조립)			–	–
	샤오미	미VR	8천원 (49위안)	208g	–	–	–
	스타트업 (킥스타터)	에어VR	49달러	190g	100도	–	–
	LG	360VR	289,000원	118g	80도	–	–
	넥스트코어	눈VR	약 8만 원대	230g	110도	–	–
	유센스	임프레션 파이	미정			–	–
	북경폭풍마경	폭풍마경 4	약 4만 원	423g	96도	–	–
	VR박스	VR박스2	약 1만 원대	330g	75–85 도	–	–
	이노 3D	소택마경 Z3	58,000원	410g	120도	–	–
	빠밤닷컴	빠밤VR	약 2,500원 (미조립)	236g	90–102 도	–	–

주사율 144Hz

주사율이란, 초당 보여지는 이미지 수를 말합니다. 다시 말해, 초당 재생 횟수를 의미하는데, 144Hz는 초당 144장의 이미지(화면)가 재생된다는 뜻입니다. VR전문가들에 따르면, 주사율이 144Hz는 되어야 사람이 실제로 보는 것과 같은 경험을 할 수 있다고 합니다. 현재, 출시된 VR제품들 중 가장 높은 주사율을 보여주는 제품은 소니의 PS VR입니다.

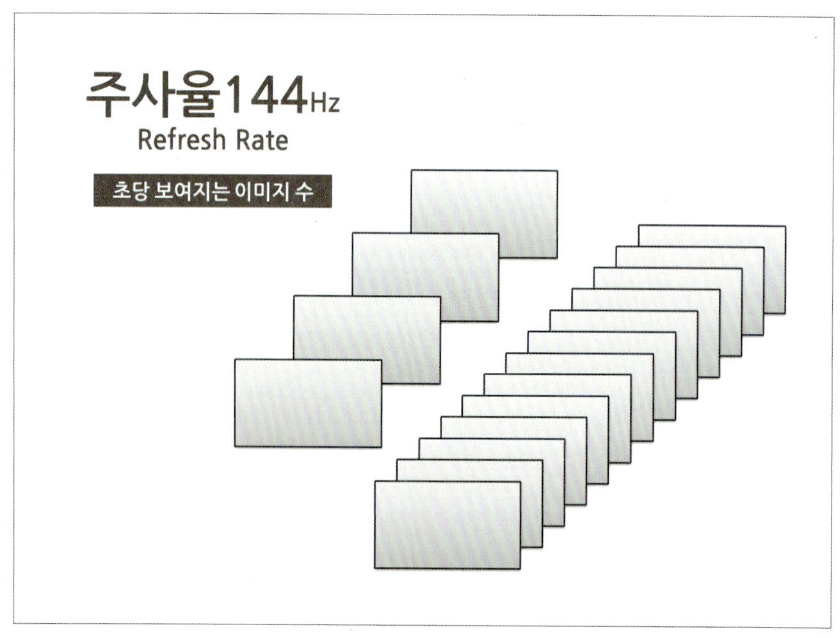

오큘러스 인증 PC

온라인 게임을 즐기는 사용자들은 주로 PC방을 즐겨 찾습니다. 이유는 간단합니다. 빠르고, 화질이 선명하고, 다양한 게임을 즐길 수 있기 때문입니다. 그러기 위해선 고성능의 PC와 고해상도의 모니터가 필요합니다. 여럿이 함께 즐기는 RPG 게임의 경우라면 더더욱 그렇죠. VR은 어떨까요? 시장조사업체 EEDAR이 2016년 1월 조사한 바에 따르면, 소비자들에게 가장 인지도가 높은 VR 헤드셋으로 오큘러스 리프트가 선정됐습니다. 무려 83%의 압도적인 지지도였습니다. 일단 오큘러스 제품을 사용하기 위해서는 고성능의 PC 사양이 요구됩니다. 고사양인 만큼 가격도 약 1,000달러에 육박합니다. 오큘러스에서 인증된 PC를 사용해야 하기 때문이지요. 솔직히 쉽게 구입할 수 있는 가격대는 아닙니다. 다행히도 2016년 10월, 고성능 PC 없이 저사양 PC에서도 VR콘텐츠를 구현할 수 있는 기술 '스페이스워프'와 '타임워프'가 공개되어 그나마 부담은 덜 수 있게 되었습니다. 기존 인증 PC의 절반가인 499달러 정도면 구입할 수 있다고 합니다.

출처 www.oculus.com

______ 스페이스워프와 타임워프 기술은 PC에서 VR콘텐츠를 45Hz로 구동시키고 리프트 헤드셋에서 나머지 45Hz를 실행해 사용자는 마치 90Hz의 영상이 구현되는 것으로 체감합니다. 오큘러스는 PC 제조사 사이버파워 PC와 제휴를 통해 499달러 오큘러스 인증 PC를 선보였습니다.

360도 카메라/스티칭

VR만의 특징이라 한다면 360도 모든 시야각을 볼 수 있다는데 있습니다. 여기에 사용되는 장비가 360도 카메라입니다. 여러 개의 렌즈를 부착하여 다양한 각도에서 각각 촬영된 영상을 모두 이어 붙여 360도를 만드는 것입니다. 이렇게 이어 붙이는 작업을 스티칭(Stitching)이라고 합니다.

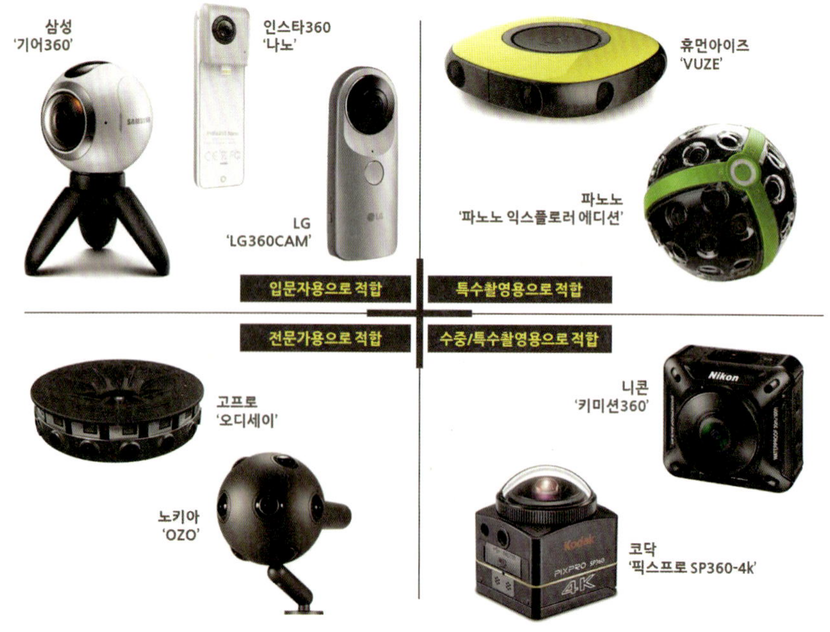

360도 카메라 비교

제조사	제품명	가격	무게	해상도	특징
PROTRULY	다링	3,980 위안	–	–	세계 최초 VR카메라 800만 화소+1300만 화소로 구성된 모듈 4개 탑재 VR 촬영 기능 카메라 온도 감지 기능 채용
인스타 360	인스타 360 나노	20만 원 대 후반	70g	3040×1520	렌즈 F2.0, 페이스북, 유튜브 라이브 스트리밍, 플러그앤플레이, 아이폰 호환
고프로	오디세이	1만 5천 달러	6.57kg	4K×4K	렌즈 16개, 액션캠 고프로 히어로 4 장착 구글 '점프' 활용 제작/편집
삼성	기어 360	30만 원 대 후반	152g	4K	195도 렌즈 2개(F2.0), 갤럭시 7.0 연동, 밝고 생생한 화질, 3,000만 화소 이미지 UHD급(3840×1920) 고해상도 동영상
LG	LG360 캠	30만 원 대 초반	76.7g	2K	200도 렌즈 2개, 구글 스트리트뷰 호환 인증 LG 프렌즈 연동
리코	세타 S	약 43.5 만 원	125g	1920×1080	렌즈 2개(F2.0), 원격 촬영 가능 8GB 메모리, 60초 장 노출 다이내믹 레인지 보정 전용 어플, 풀 HD 30 프레임
코닥	픽스프로 SP320- 4K	약 500 달러대	121g	4K	190도 렌즈 2개 드론 부착, 원격 조정 가능 11개 모드 지원, 60m 방수
아이시 360	360플라 이	450달러	120g	1500×1500	8개 소형 렌즈 5m 방수, 2시간 촬영 가능 곡선 왜곡 보정, 32GB 메모리
메모리	루나	299달러	170g	1920×960	190도 렌즈 2개, 32GB 메모리
니콘	키미션 360	약 60~80 만 원대	1960g	4K	렌즈 2개(NIKKOR) 30m 방수, 웨어러블 액션캠 스마트 디바이스 무선 연결
휴먼아이즈	Vuze	약 130 만 원대	250g	4K	렌즈 8개, 전용 삼각대/HMD 제공 VR 편집 프로그램(부스 스튜디오) 제공
파노노	파노노 익스플로 러 에디션	약 270 만 원대	480g	108메가 픽셀	고선명 360˚×360˚ 연속 파노라마 사진, 렌즈 36개 위로 던지면 센서가 가속도와 높이 자동측정 촬영 원격 촬영, 무선 전송
노키아	OZO	약 7천 만 원대	2.7kg	2K×2K	렌즈 8개(F2.4), 전문가용 최단 초점 50˚ 360˚ 모든 방향 촬영 가능 배터리와 메모리가 통합된 카트리지 방식 45분 연속 촬영 가능 실시간 확인, 지향성 마이크 8대

해상도 비교

출처 오토파노

비디오형 VR콘텐츠, 인터렉티브형 VR콘텐츠

VR콘텐츠 유형에는 크게 두 가지가 있습니다. 비디오형 VR콘텐츠와 인터렉티브형 VR콘텐츠입니다. 쉽게 말하자면, 비디오형은 실제 현장에서 촬영된 영상을 스티칭 작업을 통해 제작한 것이고, 인터렉티브형은 온라인 게임과 같은 별도의 게임 엔진을 이용해 제작한 것으로 이해하면 됩니다.

VR콘텐츠 유형 비교

구분	비디오형 VR콘텐츠	인터렉티브형 VR콘텐츠
사용방식	360도 영상 시청형	게임 콘텐츠와 사용자 간 상호작용 체험형
제작방식	360도 카메라 촬영, 편집	유니티, 언리얼과 같은 게임 엔진으로 제작
특징	• 실제 환경을 기반으로 제작 • 초반 몰입도 좋음 • 상호작용 부족으로 몰입도 지속 어려움 • 인터렉티브형 VR에 비해 제작비용이 적고, 제작기간이 짧음	• 상상을 기반으로 제작 • 화려한 그래픽과 음향효과로 실제와 괴리감 발생 • 상호작용 체험으로 몰입도 지속 가능 • 상대적으로 제작비용 많고, 제작기간이 길다
유통채널	페이스북, 유튜브, 자몽	오큘러스 스토어, 스팀
플레이 방법	저가형 HMD 활용 가능	고성능의 하드웨어 및 전용기기 활용

스티칭이 끝난 영상들은 '애프터 이펙트', '프리미어' 프로그램으로 별도의 자막이나 특수효과 등 편집에 활용됩니다. 완성된 360도 영상을 시청하기 위해서는 이를 지원하는 플랫폼을 이용해야 합니다. 가장 많은 콘텐츠를 보유한 유튜브와 페이스북에서 360도 뷰를 지원합니다. 국내 플랫폼 기업으로는 '자몽'을 들 수 있습니다.

VR 지원 플랫폼 비교

	유튜브	페이스북	자몽
지원 해상도	• 스마트폰: QHD • PC: UHD	• 스마트폰: FHD • PC: FHD	• 스마트폰: UHD
특징	• 360도 영상 채널 제공 • VR 모드(카드보드) 지원(앱) • 주로 홍보성, 광고, 개별 사용자 콘텐츠 유통	• 360도 영상만 시청 가능 • 공유 속도가 빠름	• 국내 상업형 • VR콘텐츠 전용 플랫폼

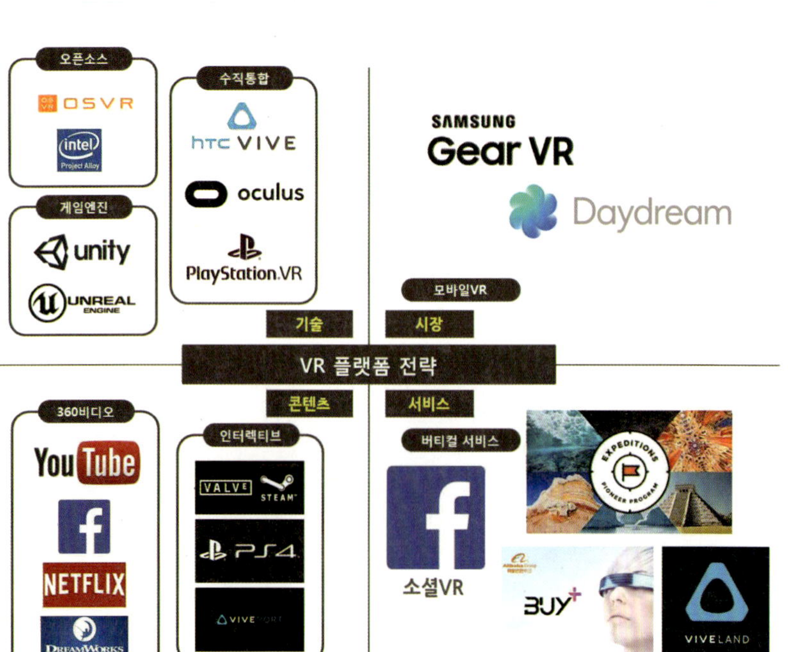

VR우동

야한 동영상을 줄여서 흔히들 '야동'이라 합니다. 그렇다면 'VR우동'은 무엇일까요? 원래대로라면, 'VR야동'이 되어야 하는데, 왜 'VR우동'이라 불리는 걸까요? 궁금한 사용자들이 많을 것으로 생각됩니다. 이유는 간단합니다. '야동'이라 검색하면 불법 콘텐츠를 유발하는 키워드로 인식되어 차단될 가능성이 높기 때문에 비슷하면서 차단되기 어려운 음식이름을 사용한 것으로 생각됩니다. 물론, 풍문으로 들려오는 얘기이긴 합니다만, 쉬우면서 저질스러운 이미지를 연상시키지 않는다는 점에서 크게 부정하고 싶지는 않습니다. 남친에게 혹은 자녀에게 "VR우동"을 아느냐고 물어보세요. 알고 있다면, 그는 이미 VR성인 콘텐츠의 유경험자임에 틀림없습니다.

미리 알아야 할 키워드 마지막에 'VR우동'을 넣은 이유가 궁금하실 것 같습니다. 현재 VR관련 기사들을 살펴보면, 대다수가 게임 콘텐츠 위주로 다뤄지고 있습니다. 하지만 실상은 게임보다 성인 콘텐츠의 비중이 훨씬 더 많이 존재하고, 조회되고 있습니다. 언론에서 이를 적극적으로 다룰 수도 없거니와 이를 제하고는 VR산업의 트렌드를 정확하게 논할 수 없기 때문에 필자는 책에서나마 언급하고 싶었습니다.

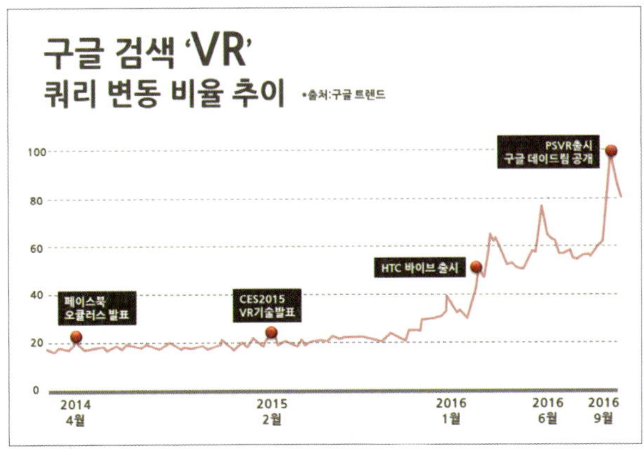

VR
VIRTUAL REALITY

CHAPTER 02

VR 비즈니스 트렌드

직접 체험과 간접 체험의 경계에 서다

"우와~", "대박~"

VR을 처음 경험하는 사람들의 3초 후 감탄사입니다. 주로 VR게임 체험장에 서 자주 들을 수 있습니다. 언론에 노출되는 관련 기사 역시 VR게임 콘텐츠 에 많은 비중을 두고 있습니다. 그만큼 강렬한 몰입감을 선사하기 때문이지 요. VR을 경험한 사용자 대부분은 긍정적인 반응을 보입니다. 문제는 사용 후기에 대한 대화가 PC방에서 이루어진다는데 있습니다. 가격 대비, 환경 대 비 관련 기기 사양 대비 새롭다는 느낌만 전달해줄 뿐 그 이상도 이하도 아 니기 때문입니다. 그렇지만, 게임 영역을 벗어나면 상황은 달라집니다. 단지 VR헤드셋만 착용했을 뿐인데 전혀 다른 세상의 다양한 간접경험을 안겨줍 니다. 아픈 사람을 낫게 하고, 불편한 일들을 편리하도록 도와주고, 좋아하는 스포츠 경기를 가까이에서 볼 수 있도록 해주고, 멀리 떨어진 사람과 사람을 이어주기까지 합니다. VR산업은 이제 발걸음을 떼기 시작했습니다. 앞으로 의 VR트렌드가 궁금하실 거 같아 관련 콘텐츠 몇 가지를 준비했습니다.

> 현실에선 느낄 수 없는 모습을
> VR에서는 보면서 느낄 수 있습니다.
>
> 현실에선 들을 수 없는 소리를
> VR에서는 들을 수 있습니다.
>
> 현실에선 상상할 수 없는 영화와 같은 상황을
> VR에서는 경험할 수 있습니다.

VR게임
VR, 한계는 없다

보이는 모든 것이 VR기술이라고 단정 짓는 분들이 많습니다. 그렇지 않습니다. 직접 경험해 본 사람은 압니다. 보고, 듣고, 겪게 되는 모든 상황이 VR이라는 사실을. 여기 그 모든 것을 충족해줄 수 있는 VR게임과 관련 기기 몇 가지를 소개합니다.

로보리콜

Robo Recall Announce Trailer
출처 Epic Games, https://youtu.be/MIK4D0kVlls

VR게임 중 가장 재미있는 게임 하나를 추천해 달라고 부탁하면 직접 시연해 본 많은 사람들은 에픽게임스가 개발한 '로보리콜(Robo Recall)'을 얘기합니다. 2017년 초 출시예정인 로보리콜은 전작인 '블릿 트레인(Bullet Train)'을 바탕으로 개발되었습니다. 오큘러스 리프트 전용으로 개발되어 무료로 서비스되는 매력적인 요소를 안고 있는 동시에 더욱 선명해진 그래픽과 훨씬 부드럽고 자유로워진 순간이동을 보여준다는 측면에서 게임의 몰입감을 더욱 증대시켰습니다. 언리얼 엔진 4의 장점들을 그대로 살린 화려한 그래픽과 액션, 다양한 무기와 이동 수단 등 전작의 장점은 키우고, 단점은 보완하여 완성도 높은 게임을 만들었다는 평을 받고 있습니다. 마치

영화 '트랜스포머'의 주인공이 된 듯한 느낌을 강하게 주는 게임입니다. 로봇을 향해 총을 쏘고, 총 하나로 부족하면 양손으로 총을 쏘고, 총 대신 무기를 사용할 수도 있으며 이마저도 없으면 주먹과 발차기 등 종합격투기처럼 싸울 수도 있습니다. 또한 적의 무기를 빼앗을 수 있고, 날아오는 총알을 잡아 다시 적에게 던져 파괴할 수도 있습니다. 좀비나 사람이 아닌 로봇을 적으로 상대하기 때문에 음습하거나 잔인함에서 오는 스트레스는 타 게임에 비해 비교적 적습니다.

언리얼 엔진 4

언리얼 엔진 4는 게임 개발자들이 게임 개발자들을 위해 만든 완벽한 게임 개발 툴셋입니다. 2D 모바일 게임에서부터 블록버스터급 콘솔과 가상현실에 이르기까지 언리얼 엔진 4는 개발 시작에서부터 발매, 성공 및 차별화에 필요한 모든 것을 제공합니다.

모바일

툴

블루프린트

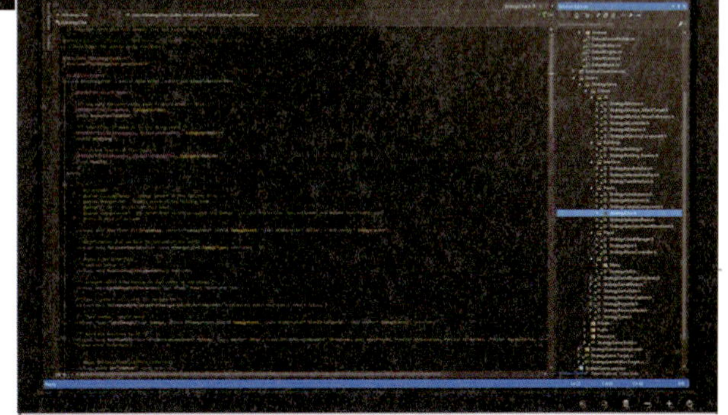

소스코드

가상현실

마켓플레이스

현세대와 차세대 모두를 아우르는 모바일용으로 디자인되었으며 간단한 2D 게임에서부터 놀라운 고사양 비주얼의 게임에 이르기까지, 언리얼 엔진 4를 통해 게임 개발은 물론 iOS & 안드로이드 디바이스에 설치까지도 어려움 없이 가능합니다.

로열티 5%

5% 로열티는 분기별 제품당 $3,000의 첫 수익 이후부터 적용됩니다. 영화 프로젝트, 건축, 시뮬레이션, 시각화와 같은 도급 & 컨설팅 프로젝트에는 로열티가 발생하지 않습니다.

출처 www.unrealengine.com/ko/what-is-unreal-engine-4

'로보리콜'의 전작 테크데모 버전으로 소개된 '블릿 트레인(Bullet Train)'은 오큘러스의 새로운 컨트롤러 '오큘러스 터치'의 출시(2016년 12월)에 맞춰 오큘러스 스토어를 통해 무료로 출시되었습니다. 가장 눈에 띄는 차이는 '한 손 무기'에서 '양손 무기' 사용으로 발전했다는 점입니다. 전작과 신작의 차이를 QR 코드 영상을 통해 직접 확인할 수 있습니다.

Bullet Train - Unreal Engine 4 Official Tech Demo
출처 GameSpot, https://youtu.be/vVQ49XrdpJo

버툭스 옴니

버툭스 옴니(Virtuix Omni)는 VR을 위한 트레드 밀 제작사입니다. 2016년 1월 미국 라스베이거스에서 열린 CES(국제전자제품박람회)에서 가장 인기 있는 제품 중 하나로 선정되기도 한 이 제품은 걷기와 달리기가 가능해 생동감 넘치는 VR경험을 선사합니다. 동시에 운동효과까지 얻을 수 있다는 장점이 있습니다. 문제는 설치비용과 설치공간입니다. 제대로 된 게임을 즐기고자 한다면, 기본 패키지의 가격은 999달러에 달하고, 별도의 배송비용까지 지불해야 합니다. 개인적으로 구매하기 보다는 PC방과 유사한 VR전용 게임장에서 접할 수 있을 것으로 보입니다.

_____ 트레드밀(Treadmill)은 실내에서 달리기와 걷기를 위한 운동 기구입니다. 한국어식 영어로 러닝머신(running machine)이라고도 합니다.

출처 위키백과

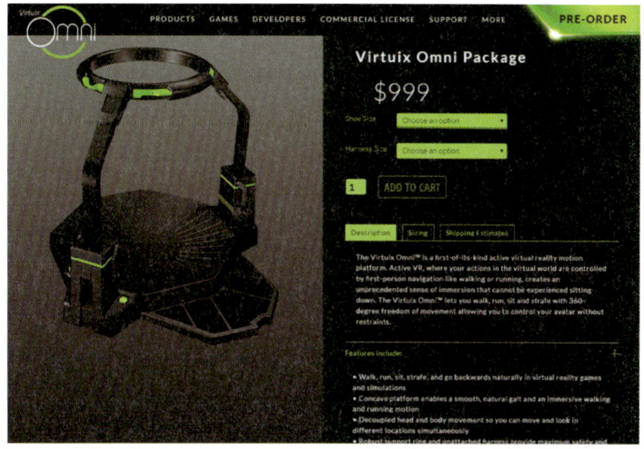

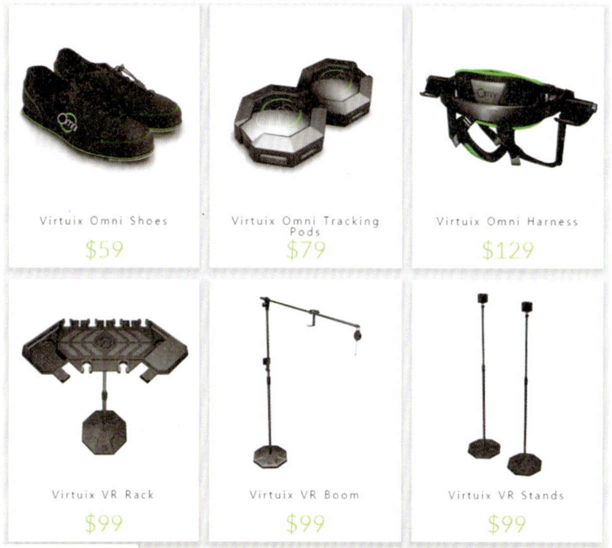

출처 www.VIRTUIX.com

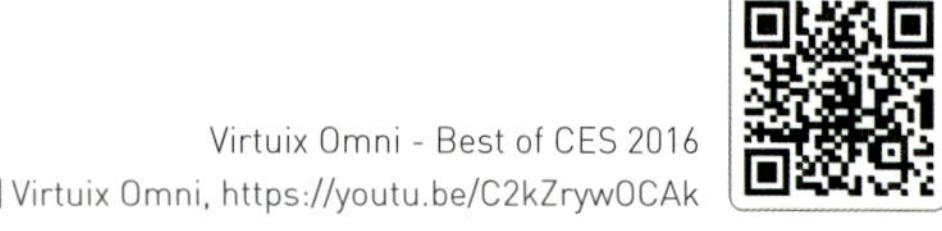

2016 CES 행사에서의 버툭스 옴니 활약상을 QR 코드 영상으로 확인할 수 있습니다.

주요 인터렉티브형 VR콘텐츠용 솔루션(엔진) 비교

제품명	유니티(Unity)	언리얼(Unreal)
개발사	Unity Technologies	Epic Games
점유율	47% (모바일)	13% (모바일)
호환성	우수 (Adobe Flash, iOS, Android, Mac, Windows, Linux, Xbox, PS)	대체로 우수 (Adobe Flash, iOS, Android, Mac, Windows, Xbox, PS)
난이도	쉬움(C#, JavaScript, Boo)	약간 어려움(C++, Blueprint, Uscript)
그래픽	우수	매우 우수
최적화	보통(모바일 게임에 최적화)	우수(콘솔, PC, 모바일)
대표작	삼국지를 품다, 지피 레이싱, 골든 글러브, 퍼즐주주, 와일드 버스터	히트, 블레이드, 썸머레슨, 로보리콜

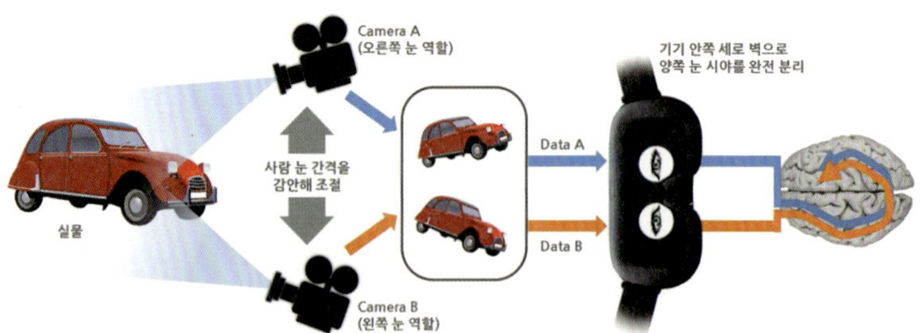

썸머레슨

솔로남을 위한 아기자기한 VR시뮬레이션 게임이 2017년 초 한국어판으로 국내에 출시될 예정입니다. 바로 PS VR의 가상연애 게임 '썸머레슨'인데요, 첫 번째 에피소드인 '미야모토 히카리'는 일본인 학생에게 영어를 가르쳐주는 과외 선생님 역할과 일본에서 유학중인 서양인 학생에게 일본어를 가르쳐주는 과외 선생님 역할로 등장합니다. 성적을 끌어올려야 하는 과정에서 다양한 커뮤니케이션과 에피소드를 즐길 수 있습니다.

YES.
NO

썸머레슨 영문버전

Summer Lesson English Fan Translation - Day 0
출처 Dizzy Ziddy, https://youtu.be/J72m87cgJXE

VR카노조

VRKanojo Demo Movie
출처 VRKanojo VRカノジョ, https://youtu.be/e1P40Uw5D7M

3D 미소녀 게임을 만드는 것으로 유명한 일루전(Illusion)에서 개발한 성인용 가상연애 게임, 'VR카노조(VR KANOJO)'입니다. 성인용 썸머레슨 정도로 비유할 수 있습니다. PS VR이 아닌 PC VR용으로 2017년 출시예정입니다.

KAT VR

중국에서 개발한 VR용 트레드 밀입니다. e스포츠, 전투 촬영, RPG, 모험 암호 해독, 방 탈출, 사회 가상현실, 가상 보안 교육, 가상 투어, 가상 피트니스, 가상 투어, 자동차 구경까지 다양한 체험이 가능합니다.

출처 www.katvr.com

사이버리스 '버츄얼라이저'

사이버리스에서 개발한 '버츄얼라이저 (Cyberith Virtualizer)는 걷거나 뛸 수 있고, 각종 동작을 인식해 사용자와 밀접한 상호작용이 가능합니다.

출처 www.cyberith.com

오큘러스 리프트 2016년 게임 기대작 소개

출처 NVIDIA Korea, https://youtu.be/0XmoWKJlyiw

CHRONOS

EDGE OF
NOWHERE

LUCKY'S
TALE

저자의 트렌드 평

자극 받는 곳이 많을수록 인간은 즐겁다고 느끼는 경우가 많습니다. 그렇다면 우리 생활에 오감(시각/후각/미각/청각/촉각)을 동시에 모두 자극하는 것은 무엇이 있을까요? 대표적으로 음식과 술, 담배가 있습니다. 특히 담배는 크기가 작아 휴대가 간편하고, 짧은 시간, 저렴한 비용으로 오감을 자극하는 무서운 녀석입니다. 때문에 건강에 좋지 않다는 사실을 잘 알면서도 쉽게 끊지 못하는 지도 모릅니다. VR기술은 오감 이상을 자극하는 무서운 능력을 가졌습니다. 다행인건 가격과 크기 면에서 담배만큼의 중독효과는 덜할 것으로 생각합니다. 오감 이상을 자극할 수 있는 이유는 후각과 전신 감각까지 자극하는 기술이 날로 발전하고 있기 때문입니다. 몇 가지 제품을 소개합니다.

■ 냄새와 향기, 바람까지 구현하는 VR마스크, 필리얼

출처 FEELREAL VR MASK, https://youtu.be/sZOx-mEqbuk

차가운 바람, 따뜻한 바람, 미스트, 진동, 마이크 내장, 교체 가능한 7개의 향기까지 모두 가능한 필리얼(FeelReal) VR마스크는 VR헤드셋과 함께 착용할 수 있어 현실에서나 체감할 수 있는 감각을 최대한 느끼게 해주는 제품입니다.

■ 온몸으로 감각을 느낄 수 있는 VR전신 수트, 테슬라 수트

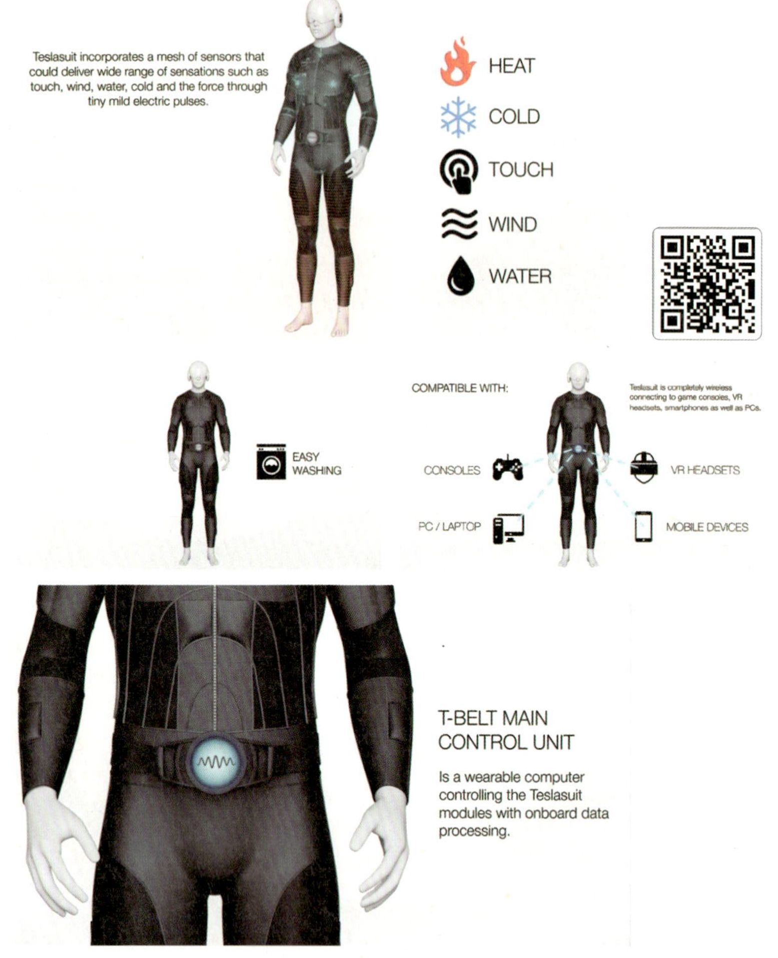

출처 Tesla Studios DevTeam, https://youtu.be/Qv6LsrsvUEQ

물리치료에 쓰이는 전기자극 방식을 사용하는 테슬라 수트(Tesla Suit)는 강도를 조절할 수 있고, 바람, 온도, 무게까지 체감할 수 있습니다. 티비 리모컨 수준의 쉬운 조작법에 세탁까지 가능하다고 하니 웬만한 콘텐츠에는 모두 활용될 수 있을 것으로 기대됩니다. 담배만큼의 강력한 무기를 가졌지만, 가격은 140만 원에 달한다고 합니다.

■ 소파 밑에 장착만하면 거실은 4D 극장이 된다. 이머시트(Immersit)

출처 KickStarter_K, https://youtu.be/Ib9D1Uxdlf8

킥스타터에 소개된 '이머시트(Immersit)' 제품입니다. 이제 거실 소파에 이머시트만 장착하면 진동과 함께 좌우상하로 움직이는 소파로 만들 수 있습니다. 주로 영화, VR게임에 활용됩니다. (사전 주문가격) 100만 원이면 당신의 거실은 4D 극장이 됩니다.

■ 백 팩처럼 등에 매는 PC, MSI 'VR원'

MSI에서 개발한 백 팩처럼 등에 매고 VR을 즐길 수 있는 휴대용 PC입니다. 전원 케이블 연결 없이 90분 연속 사용 가능한 듀얼 배터리 팩을 갖췄으며 인텔 코어 i7, 엔비디아의 지포스 GTX1070, HDMI와 미니디스플레이, 썬더볼트3 단자와 USB 3.0 단자 4개, 오디오 입출력 단자까지 갖췄습니다. 사실, 바이브와 오큘러스 리프트, PS VR의 경우, 사용 시 여러 개의 케이블이 널려 있어 불편한 점이 많았습니다. 'VR원'의 경우, 사용자가 직접 등에 매고 바이브와 리프트 같은 헤드셋을 꽂아 사용할 수 있기 때문에 공간의 제약과 설치의 부담감을 어느 정도 덜어낼 수 있을 것으로 보여집니다. 무게:3.6kg, 두께:5.4mm.

출처 www.msi.com

미래 가능 콘텐츠

VR에 공간의 제약은 없다고들 하지만, 이처럼 VR게임 산업에 있어서만큼은 예외라고 생각됩니다. 오히려 공간의 필요성이 절대적으로 요구되는 산업으로 발전해나갈 가능성이 높습니다. 때문에 도심 속 VR테마파크 형태로 변모될 수 있으며 지역마다 체인점 형태로 확장될 수 있습니다. 연회비 혹은 월정액제 요금상품으로 별도의 ID가 부여되면 언제 어디서든 사용 가능합니다. 동시에 넷플릭스와 같은 추천 알고리즘 형태의 기술까지 결합되어 마케팅과 고객 이탈을 막는 중요한 수단으로 활용될 가능성이 높습니다. 도심 속 VR테마파크의 구체적인 내용이 궁금하면, 'Chapter 4. MR(융합현실) 비즈니스 트렌드'에서 확인할 수 있습니다.

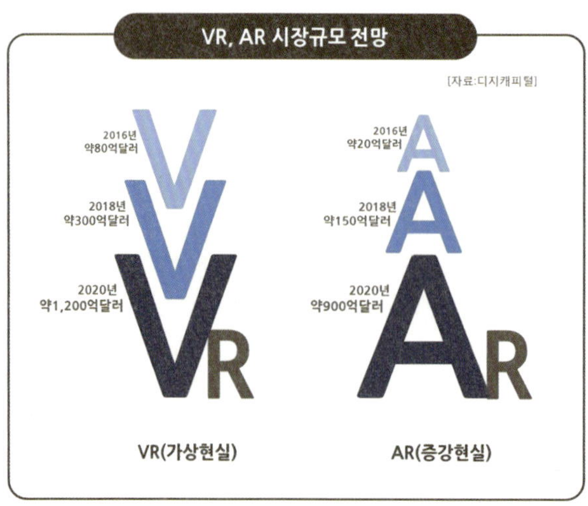

게임과외

온라인 게임도 과외를 받는다고 합니다. 비용은 3시간에 55,000원. 1대1로 함께 게임을 진행하며 수시로 잘못된 점을 짚어주고, 져주기도 하면서 의뢰인의 레벨을 업시켜줍니다. 게임과외를 의뢰한 당사자는 이렇게 말합니다. "단시간에 레벨업이 가능하기 때문에 결코 손해가 아닙니다. 그만큼 레벨업하려면 시간이 굉장히 많이 소요되거든요. 오히려 이득입니다."

이세돌과의 바둑 대결에서 승리한 '알파고'가 이번에는 온라인 전략 게임 '스타크래프트'에 도전한다고 합니다. 게임상에서 이루어지는 모든 경우의 수를 데이터화 하겠다는 것이지요. 게임 전용 인공지능이 개발되면, 별도의 과외 없이도 인공지능이 알려주는 정보를 참고삼아 적극적으로 게임에 임할 수 있을 것으로 예상됩니다. 물론 인공지능 사용료는 어느 정도 지불해야겠지요. 과외를 하는 입장에서는 일자리 감소라 말할 수 있지만, 과외를 받는 입장에서는 비용절감이 될 수 있습니다. 이와 같은 인공지능의 양면성은 모든 산업 전반에 걸쳐 적용될 수 있다는 사실을 알아야 합니다. 필요악 대신 필요충분 조건의 인공지능 문화가 필요한 때입니다.

"남성들이 가장 좋아하는 것은 무엇일까요?"라고 물으면,
대다수는 이렇게 대답합니다.

"여자." 그럼, 어떤 여자를 좋아할까요?
"예쁜 여자." 그렇다면 어떻게 예쁜 여자를 좋아할까요?
"섹시하면서 글래머러스한 여자."

나이가 많은 여자,
젊은여자, 어린 여자, 누구를 더 선호할까요?
"어린 여자."

VR성인 콘텐츠
VR산업의 필수 아미노산

물론, 모두가 그렇다고 말하지는 않겠지만, 강하게 부정하지도 않을 것으로 생각됩니다. 시작부터 이런 얘기를 왜하냐고요? 남성들의 이와 같은 성향이 지금 VR산업에서 매우 큰 비중을 차지하고 있기 때문입니다.

VR성인 콘텐츠 제작현장

How to Make VR Porn | OOO with Brent Rose
출처 WIRED, https://youtu.be/a9dsTmx7hus

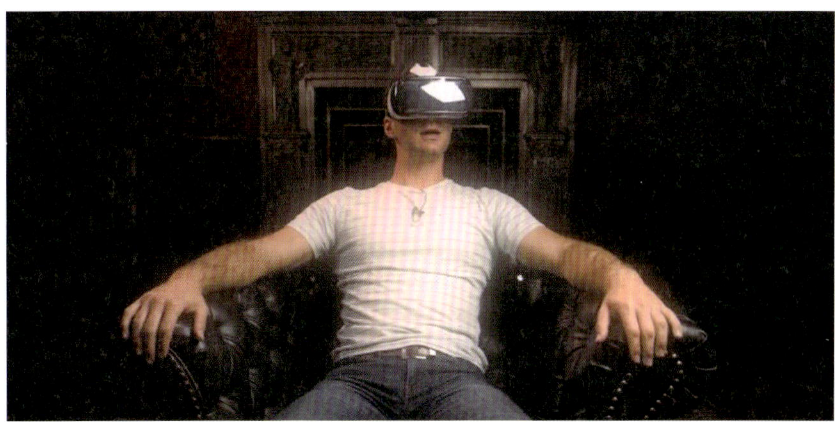

한 남성이 VR기기를 착용하고, 소파에 편하게 기대어 앉아있습니다.

잠시 후, 두 손을 들어 무언가를 만지는 듯한 행동을 보입니다. 지금 착용하고 있는 VR기기는 삼성에서 만든 GEAR VR입니다. 그리고 갤럭시폰이 장착되어 있습니다.

______ 삼성 GEAR VR은 2014년 페이스북이 20억 달러에 인수한 오큘러스(OCULUS)와 기술 제휴를 통해 개발된 모바일용 VR기기입니다.

그렇습니다. 지금 저 남성은 VR성인 콘텐츠를 즐기고 있습니다. 더 정확히 말해서 포르노를 즐기고 있습니다. 워낙 몰입도가 강력한 콘텐츠라 자신도 모르게 두 손으로 만지는 듯한 행동을 보인 것입니다.

실제 영상을 보여줄 수도 없고, 남성들이 정말 좋아하는데, 어떻게 표현할 방법이 없네요. 그래서 찾아낸 대안이 VR용 성인 콘텐츠 제작과정을 보여드리는 것입니다. 위의 이미지는 실제 현장에서 제작되고 있는 과정의 일부이며, 감독이 360도 카메라 위/아래, 좌/우, 앞/뒤로 플레이트를 치는 장면입니다. 제작에 필요한 카메라는 저게 전부입니다.

_______ 사용된 카메라 : 고프로 히어로 GOPRO HERO 7대

실제 VR사용자가 즐기는 가상현실의 메인 장면은 이와 같이 연출됩니다. 남자배우가 앉아있으면, 머리 위로 카메라가 배치되어 마치 사용자 자신이 가상현실의 주인공이 된 듯한 착각을 일으킵니다. 그게 VR의 강점이라 볼 수 있습니다. 몰입감이 그만큼 강력합니다.

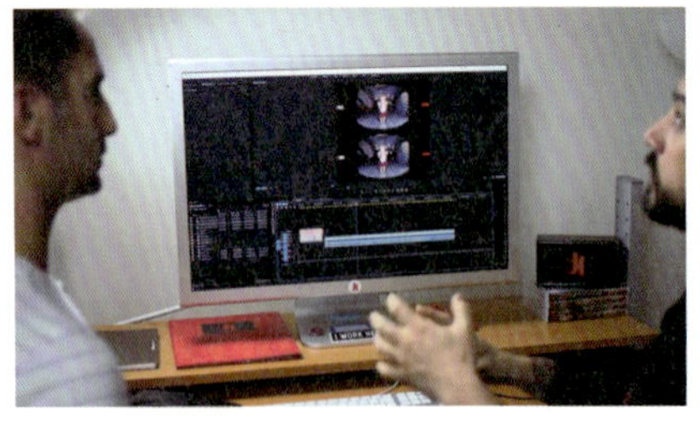

실제 VR사용자는 이와 같이 연출되는 성인 콘텐츠를 즐길 수 있는 것입니다. 등장하는 여성 배우는 전문 포르노 배우이며 앉아있는 남성을 상대로 실제 성행위까지 이어가게 됩니다. 때문에 VR사용자는 가상현실 속에서 실제 섹스를 즐기는 듯한 착각을 일으키게 됩니다.

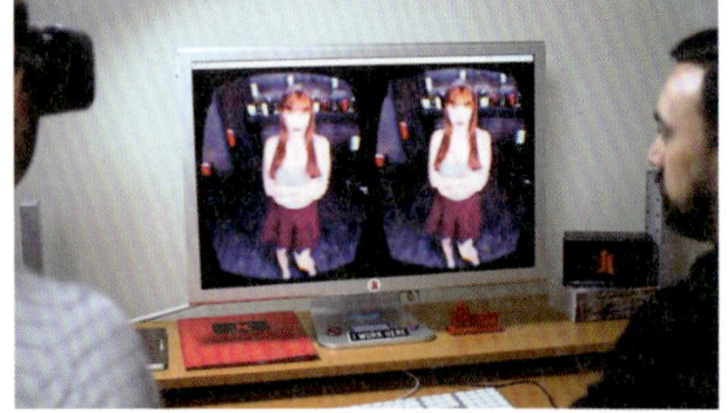

촬영이 끝나면, 각각의 카메라에 찍힌 영상을 360도로 이어 붙여야 하는 작업이 필요합니다. 이와 같은 과정을 스티칭(Stitching)이라 합니다. 스티칭 작업이 제대로 이뤄지지 않으면, 어설프게 영상이 끊어지는 느낌을 받게 되어 몰입감은 현저하게 떨어지게 됩니다. 매우 섬세하고, 어려운 작업이라 할 수 있습니다.

• 주요 스티칭 솔루션

제품명	클로버VR	오토파노 비디오 프로	비디오 스티치 스튜디오
특징	• VR헤드셋 착용 가능 • VR컨트롤러로 편집 • 오큘러스 리프트와 터치로 편집 가능	• 사용이 쉽고, 간단하다. • 고프로 사용자를 위한 솔루션 지원이 편리하다. • '오토파노기가'를 통해 세밀한 작업이 가능하다.	'PTGui'와 함께 사용해야 하는 번거로움이 있다. 반면, GPU 사용으로 동작속도가 비교적 빠르다.
제조사	어도비	콜러(고프로에 인수)	비디오 스티치

관련 콘텐츠

■ 국내 성인 콘텐츠 관련 기업

'Verest 360VR'사는 360도 관련 다양한 영상 및 콘텐츠를 기획, 제작하는 기업입니다. 주로 남성 VR사
용자를 대상으로 다양한 섹시 컨셉의 콘텐츠를 기획, 제작합니다.

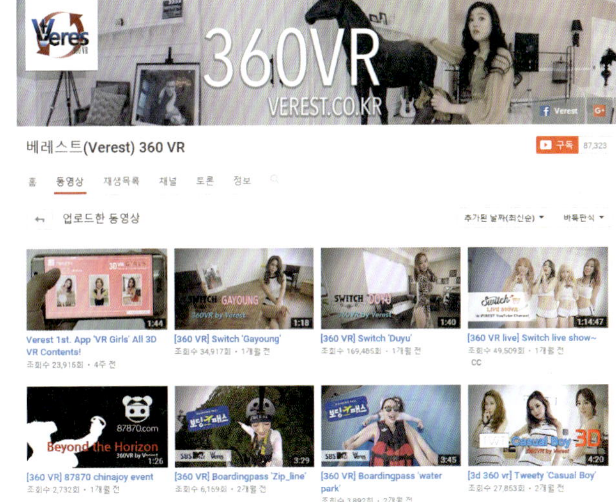

출처 Verest 유튜브 채널

'자몽'사는 360도 관련 다양한 영상 및 콘텐츠를 기획, 제작하며 유통 플랫폼까지 갖춘 기업입니다.

저자의 트렌드 평

현재, VR산업에서 가장 많이 조회되는 콘텐츠는 단연 성인 콘텐츠입니다. 사용자 대부분이 남성이고, 그만큼 타 콘텐츠에 비해 성인 콘텐츠 수가 많기 때문이기도 합니다. 사실, VR성인 콘텐츠는 기존 영상제작에 드는 비용의 약 10분 1이면 제작이 가능하다고 합니다. 앞서 보았다시피 일반 영상 제작과정에 비한다면, 그리 복잡한 과정은 아닙니다. 빨리 제작되고, 다양한 컨셉으로 제작되기 때문에 많은 사용자들의 호기심을 자극하기에 충분합니다.

이와 같은 현상은 VR산업 측면에서 보면, 새로운 사용자를 지속적으로 끌어 모아주는 고마운 콘텐츠로 비춰질 수 있습니다. 실제로도 그렇고, 필자도 그랬으니까요.

앞으로의 VR산업은 성인 콘텐츠가 영업부장 역할을 할 것이고, 게임 콘텐츠가 이탈을 막는 관리부장 역할을 분담할 것으로 생각됩니다. 관련 기기의 가격이 내리고, 다양화되면서 서서히 VR산업은 새로운 영역의 산업으로 자리잡을 것이고, 더불어 교육, 엔터테인먼트, 건축, 의료, 여행, 쇼핑, 기타 등등의 모든 분야에서 폭넓게 사용될 것입니다.

미래 가능 콘텐츠

과거 다양한 성인 영상물이 유통됨에 따라 관련된 성인용품 시장 또한 크게 확산되었습니다. 향후, 다양한 VR성인 콘텐츠가 유통됨에 따라 관련된 VR성인용품 시장 또한 크게 발전할 것으로 예상됩니다.

이미 미국의 포르노 영상제작 전문기업 'PornHub'에서 개발한 'Twerking Butt' 'Cyberskin'은 VR성인 콘텐츠를 보며 가상현실에서 느끼는 감각을 최대한 끌어올리기 위

출처 Verest 유튜브 채널

해 개발한 제품으로 물컹물컹한 촉감에 진동효과까지 있는 VR전용 성인용품이라 하겠습니다.

■ VR과 AR콘텐츠 개발과정 비교

제품명	VR(가상현실)	AR(증강현실)
구성	PC/스마트폰/콘솔+HMD+주변기기	스마트폰/태블릿 PC/AR헤드셋+앱
개발기간	• 비디오형: 약 2~3.5개월 • 인터렉티브형: 약 15개월	약 2~6개월
소요비용	PC형 게임 개발비의 약 2~3배	일반 앱 개발비의 약 2~3배 이상
비용상승 요인	• 전문인력 부재 • 기술적으로 복잡하고, 고성능의 사양을 요구 • 개발보다 최적화에 어려움	• 전문인력 부재 • 공간 트래킹 기술 미흡 • 지도 데이터 활용 수준의 빅데이터 접근성

SEX VR 사물인터넷, SEX VR 인공지능

가상의 여성과 대화를 나눕니다. 몇 살인지, 어디에 사는지, 무슨 일을 하는지 물어보며 서로 조금씩 가까워집니다. 인공지능으로 작동하는 여성은 상대방이 묻는 질문에 듣고 싶어 하는 답변만 꼭 집어 말합니다. 이미 다른 남성과의 대화에서 학습되어 온 것이지요. 여성은 실없는 농담에도 크게 반응하며 웃어 보입니다. 그렇게 하면 상대방이 더 좋아할 것이라는 사실을 아는 것이지요. 남성은 가상의 여성과 스킨십을 시도합니다. 이를 인지하고 사람의 피부와 유사한 성인용품이 반응을 보입니다. 남성은 혼자만의 은밀한 시간을 갖습니다.

VR성인 콘텐츠와 사물인터넷, 인공지능이 결합되었을 때의 상상을 펼쳐보았습니다. 여성이 감성적인 내면에 더 끌리는 반면, 남성의 성적 욕구는 죽을 때까지 쉬지 않고 달린다고 합니다. 어쩌면 기술이 건전한 성문화를 정착시키는데 도움이 될 수도 있겠다는 기대를 걸어봅니다.

출처 http://selfscroll.com/is-this-your-first-time-getting-photoshopped-at-an-adult-vr-expo-18-photos/

> "기저귀와 물티슈는 온라인에서 주문합니다. 우유와 이유식 재료는 직접 마트에 가서 구입하고요."
>
> "퇴근 전에 미리 모바일로 주문하고요, 퇴근길에 찾아서 갑니다. 차에서 내리지 않아도 알아서 트렁크에 실어 주거든요."

VR쇼핑
2-3 } AI와 친해지면, VR쇼핑이 수월해진다

모바일 그로서리족(Grocery)이 증가하고 있습니다. 맞벌이 부부가 많아지면서 생겨나는 자연스런 변화라고 생각됩니다. 쇼핑의 방식은 기술의 변화와 함께 꾸준히 발전해 왔습니다. 특히 보안이 보장된 결제 기술의 발달이 큰 역할을 했다고 해도 과언이 아닙니다. 지문인식, 얼굴인식, 홍채인식, 정맥인식과 같은 쉽고 간편하면서 확실한 결제 기술이 보편화되면서 이제는 VR쇼핑 분야까지 점차 그 범위가 확대되고 있습니다.

이베이 마이어(ebay Myer)

The World's First Virtual Reality Department Store - brought to you by eBay and Myer
출처 eBay Australia, https://youtu.be/yAuiXhJPnr8

세계 최초 VR백화점으로 알려져 있습니다. 2016년 5월 '이베이'와 호주 대형백화점 체인 '마이어'가 협력해 VR기반 백화점 앱을 출시했습니다.

약 1만 2천 개 이상의 마이어 상품이 리스팅되었고, 인기 품목의 경우 3D 형태로 보여지는 360도 서비스를 선보였으며 나머지는 2D 형태로 제공되었습니다.

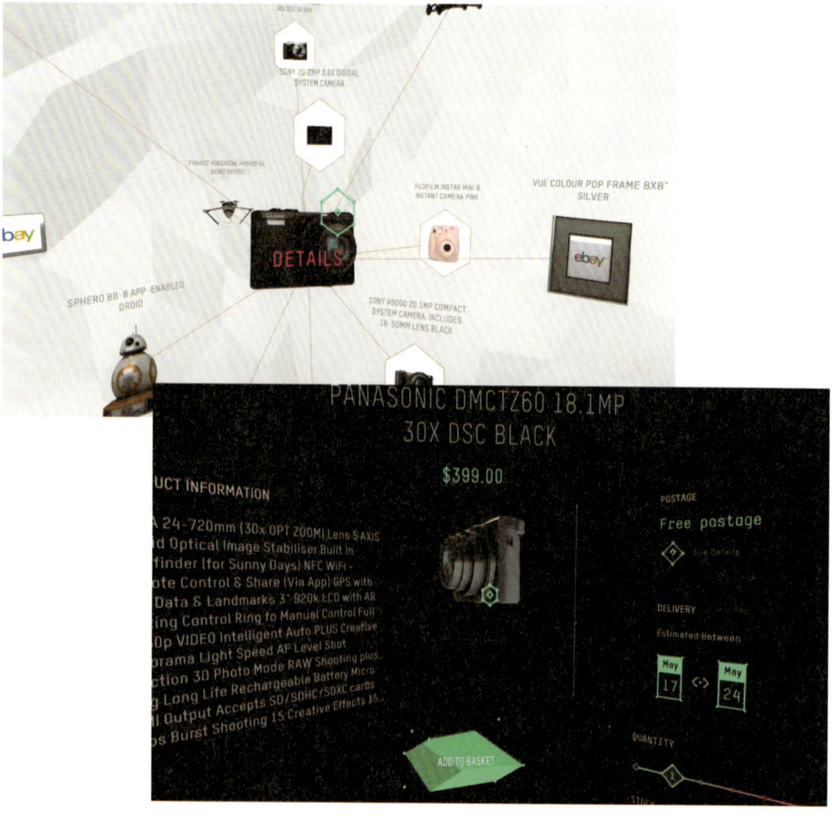

알리바바 바이플러스(Alibaba Buy+)

Revolutionary Application! "BUY+" VR shopping program!
출처 Marketing & Sourcing China, https://youtu.be/0RG2QN__cCs

알리바바는 약 4억 명 이상의 유저를 확보한 중국 최대 전자상거래 기업입니다. 그룹 자회사인 '타오바오'는 온라인 C2C 시장의 80%, '티몰'은 B2C 시장의 51%의 시장 점유율을 보유하고 있습니다. 그런 알리바바가 VR쇼핑 시장에 적극적으로 나서고 있습니다.

▲ 바이플러스' 앱을 열고, VR헤드셋을 착용하면 쇼핑이 가능합니다. 원하는 상품을 고르면 360도로 돌려가며 확인할 수 있고, 향후 실제 촉감까지도 느낄 수 있도록 하겠다는 계획입니다. 가상 거울을 통해 어울리는지 착용해볼 수도 있고, 옷에 어울리는 가방까지도 착용할 수 있습니다.

VR쇼핑에 대한 알리바바의 계획은 최근 투자한 기업들을 보면 어느 정도 예상할 수 있습니다. MR(융합현실) 기술 스타트업인 매직리프(Magic Leap)에 8억 달러 이상의 공동투자를 투자했고, 향후 약 8조 원 이상을 이 분야에 투자할 계획이라고 합니다. 더불어 자회사인 알리바바 픽쳐스와 알리바바 뮤직, 유쿠닷컴(중국판 유튜브)과 결합하여 VR쇼핑 시장의 메인 플랫폼으로 자리잡기 위한 중대한 계획을 세우고 있습니다. MR기업 '매직리프'에 대한 자세한 내용은 '4장'에서 확인할 수 있습니다.

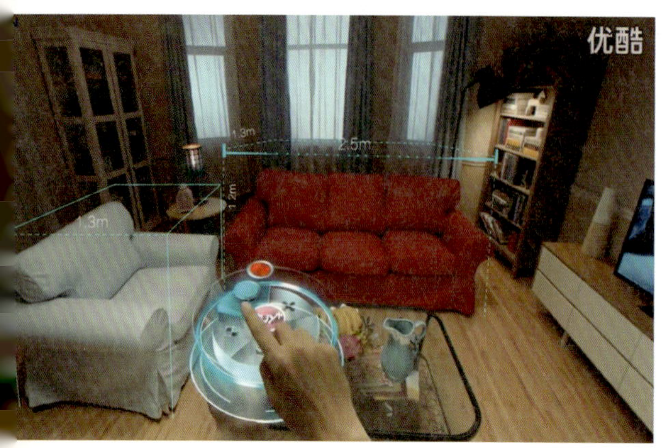

◀ 내 집 거실에 어울리는 소파, 가구까지도 쇼핑이 가능해질 것으로 보여집니다. 여기에는 AR(증강현실) 기술까지 요구됩니다.

이케아 VR쇼핑 & 인테리어 체험

The Future Of Shopping | Ikea VR | HTC VIVE
출처 Martin Risby, https://youtu.be/VZSk5eVkSns

세계 최대 가구기업 스웨덴의 이케아는 소비자들에 좀 더 가깝게 다가가기 위해 VR 기술을 활용하고 있습니다. 특이점은 세계 최대 게임 유통 플랫폼인 밸브(Valve)사의 스팀(Steam)을 통해 해당 VR앱을 출시했다는 사실입니다. 스팀을 통했다는 건 스팀과 제휴된 VR HMD기업 HTC사의 바이브(Vive)를 사용했다는 얘기이기도 합니다. 여러 스타일의 주방을 체험해볼 수 있고, 원하는 컬러로 바꿀 수도 있습니다. 컨트롤러를 이용해 서랍과 가구를 열고 닫을 수 있으며 이동도 가능합니다. 어디까지나 가상의 체험을 위한 서비스입니다. 이를 통해 고객의 피드백을 받아 향후 기술 개발에 유용하게 활용하겠다는 계획입니다.

쉘프존(ShelfZone)은 대형마트 VR버전 정도로 생각하면 됩니다. 사용된 HMD기기는 HTC사의 바이브가 사용되었습니다. 마트에서 쇼핑하듯 가상공간에서 이동하며 쇼핑할 수 있습니다. 카트 대신 장바구니에 담을 수 있고 상품별 비교도 가능하며 우측 화면을 통해 위치와 상품평도 확인할 수 있습니다.

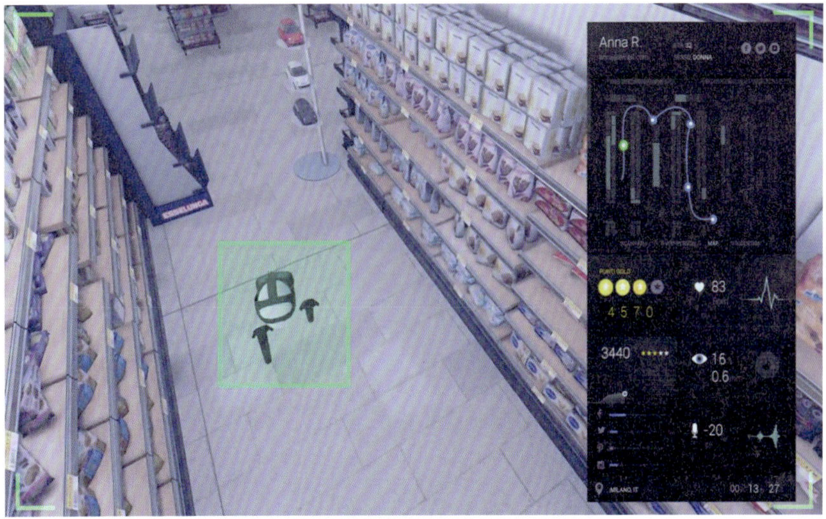

특이점은 자동차도 쇼핑이 가능하다는 사실입니다. 장난감으로 보였던 자동차를 선택하면 원래 크기의 자동차로 확인할 수 있고 실내까지 확인이 가능합니다. 자동차, 오토바이, 덤프트럭, 비행기, 요트까지 VR마트에서 구매가 가능하지 않을까 기대해봅니다.

구매한 상품들은 최종 확인을 거쳐 계산하고 나면 집에서 배달 받을 수 있습니다.

FERRERO KINDER 10 BRIOSS
Prodotto da forno
lievitato naturalmente
con farcitura al latte
€ 7,85 al kg - confezione 280 GR
€ 2,20
500 PUNTI GOLD
37
19
13
2
0
kinder
Brioss
Semplice e nutriente

RICETTE
TORTA DI MELE
Ingredienti:
FARINA 00 300 gr
TUORLO D'UOVO 4
ZUCCHERO 120 gr
BURRO 150 gr
MELE 4
PREPARAZIONE
80 minuti
COLOMBO
LIEVITO SENZA GLUTINE
ERIDANIA
ZUCCHERO CLASSICO
CANNAMELA
CANNELLA MACINATA
ESSELUNGA
LIMONI CAT. I
ESSELUNGA BIO
MELE FUJI CAT. II
VALLÉ
PIÙ BURRO
ESSELUNGA
SALE IODATO FINO
ESSELUNGA
6 UOVA EXTRA FRESCHE
DR. SCHÄR
MIX IT! FARINA S. GLUTINE
LATTERIA SORESINA
LATTE MILANO UHT

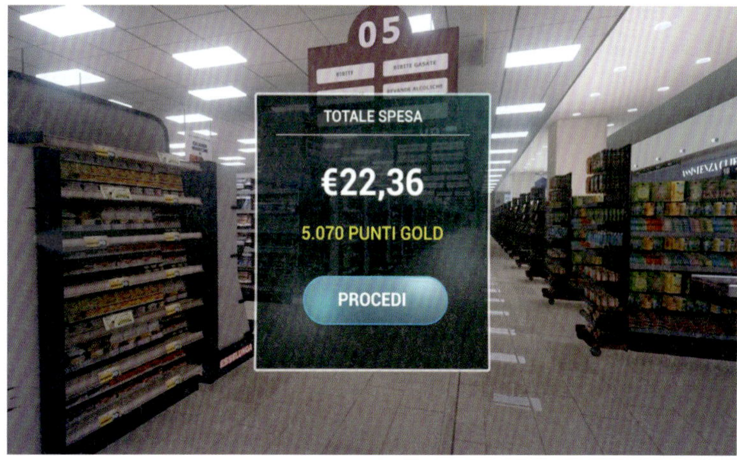

05
TOTALE SPESA
€22,36
5.070 PUNTI GOLD
PROCEDI

저자의 트렌드 평 ______________

이제는 집에서 즐기는 VR쇼핑족이 증가할 것으로 예상됩니다. 이 역시 자연스런 변화라 생각 됩니다. 다른 점이 있다면, VR에서는 인공지능(AI) 쇼핑 가이드가 당신의 쇼핑을 더 현명하고, 수월하게 도와줄 수 있다는 사실입니다. 미리미리 인공지능과 친해지면, 당신의 쇼핑 스타일을 파악해 좋은 상품을 추천하게 될 것입니다. 어떻게 친해지냐고요? 아이폰 사용자는 수시로 '시 리(Siri)'에게 질문하고, 용건을 말하면 됩니다. 'NUGU(SKT가 출시한 인공지능 음성인식 디바이 스)' 사용자는 배달 전화 대신 "레베카(NUGU 인공지능)"를 불러 주문내역을 말하면 됩니다. 당 신의 질문과 용건이 많아질수록 기계는 스스로 학습하기 때문에 더 똑똑한 쇼핑 가이드가 되어 줄 것입니다. 잘 이해되지 않는다면, 아마존이 출시한 '아마존 에코', '아마존 대시', '아마존 대시 버튼' 영상을 참고하면 됩니다. 아래 QR 코드에서 확인 가능합니다.

■ Introducing Amazon Echo
출처 Amazon, https://youtu.be/KkOCeAtKHlc

출처 amazon.com

■ Amazon Dash – Shopping made simple
출처 Amazon Fresh, https://youtu.be/aFYs9zqYpdM

출처 amazon.co.uk

■ Amazon Dash Button
출처 Amazon, https://youtu.be/EHMXXOB6qPA

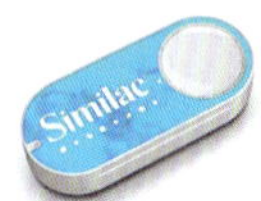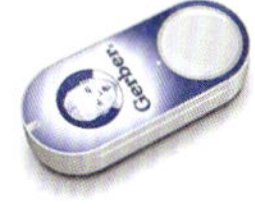

출처 amazon.com

미래 가능 콘텐츠

■ 대형마트에 심리학이 적용됐다면, VR쇼핑에는 안구추적 기술이 적용된다

대형마트 입구에 들어서면 신선식품을 먼저 만날 수 있습니다. 처음 신선식품을 접하게 되면 뒤쪽에 있는 상품들도 신선할 것이라는 기대감 때문이라고 합니다. 또한 쇼핑 카트가 보이는 구조로 제작된 건 다른 쇼핑객들의 구매 물품을 보게 되면 구매 욕구가 생겨날 가능성이 높아지기 때문이라고 합니다. VR쇼핑에서는 안구추적 기술을 통해 사용자만을 위한 맞춤식 상품 진열이 가능해질 것으로 예상됩니다. 가장 선호하는 상품을 가장 가까이에 진열하면 매출도 증대될 수 있으니까요.

현대백화점 VR쇼핑 사례   출처 @eHYUNDAI[페이스북]

VR쇼핑 인공지능, 충동구매에 주의하세요.

VR상에서 함께 쇼핑할 아바타를 만듭니다. 교제 중인 여자친구와 신체조건이 똑같고 즐겨 입는 옷 스타일까지 고려합니다. 며칠 뒤에 있을 여친의 생일선물을 고르기 위해 여친 아바타와 함께 VR쇼핑에 나섭니다. 화이트 원피스에 하늘색 카디건을 입혀보고, 어울릴 만한 구두도 신겨보고, 고가의 명품백도 걸쳐봅니다. 아바타에 입혀볼 때마다 관련 정보가 노출되고, 다른 아바타가 착용한 모습까지 보여집니다. 좌측 하단에서는 해당 제품의 재고상황 및 가격과 총금액, 제품별 배송시간이 수시로 노출됩니다. 가장 어울릴 만한 선물을 구매하고 나면, 착용했던 아바타의 모습이 캡처되어 문자로 전송됩니다.

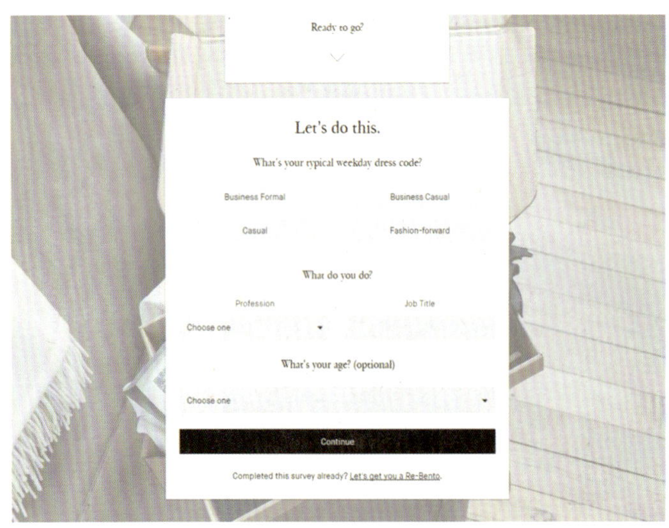

출처 https://mmlafleur.com/

'엠엠라플뢰르(MMLafleur)'라는 회사가 있습니다. 웹사이트를 기반으로 사용자의 몇 가지 정보를 입력하면 '벤또박스(Bento Box)'라고 불리는 종이 상자에 어울릴만한 옷가지와 액세서리, 머플러, 기타 등등을 담아 배달해주는 서비스를 합니다. 벤또박스를 받는 고객은 직접 입어보고 이후에 구매를 결정하면 됩니다. 전부 구입해도 되고, 일부만 구입해도 되고, 아무것도 구입하지 않아도 됩니다. 벤또박스를 그대로 반송하면 되니까요. 이 회사는 쇼핑할 시간이 없는 직장 여성을 타깃으로 합니다. 기 입력된 정보를 바탕으로 그동안 쌓인 고객성향 빅데이터를 활용하여 최적의 상품만을 선별하여 배송합니다. 때문에 아무것도 구입하지 않고 처음 그대로 반송하는 사례는 많지 않다고 합니다.

VR쇼핑에 인공지능이 결합되면, 더 똑똑한 쇼핑이 가능해지는 만큼 충동구매로 인한 필요이상의 구매로까지 이어질 수 있습니다. 쇼핑 편의를 위한 인공지능 개발과 동시에 구매 유도를 위한 인공지능으로 개발될 가능성이 높기 때문입니다. 결국 최종 판단은 구매자의 몫인 만큼 현명한 쇼핑 습관을 갖는 것이 그 어느 때보다 중요하다고 말할 수 있습니다.

쇼핑 Ai 사례

> 음료를 마시다 놓친 장면, 잠시 통화하다
> 놓친 장면, 메시지에 답장하다 놓친 장면.
>
> 영상기술의 발전은 스포츠 산업의 발전을
> 의미하기도 합니다. 멋있게 촬영되어 편집
> 된 장면을 원하는 만큼 리플레이(Replay)
> 할 수 있으니까요.

VR스포츠
스포츠를 즐기는 방식만 바뀔 뿐 정체성은 흔들리지 않는다

농구를 좋아하는 필자는 경기장을 찾을 때면 늘 망원경을 별도로 준비해갑니다. 코트와 가장 가까운 1층 좌석을 예매하지 못해서 입니다. 아쉬운 마음에 2층 좌석을 예매하고 나면 1층 좌석에 앉아 여유롭게 선수들의 모습을 카메라로 찍어대는 관객들이 늘 부러웠습니다. 그러다 2층 좌석마저 매진으로 예약하지 못하고, 3층 좌석으로 밀려나 있을 때면 왜 그리 2층 관객들이 부러운지……. 그런데 이제는 망원경 대신 VR헤드셋을 준비해야 할 것 같습니다. 힘들게 1층 좌석 예매에 열을 올리지 않아도 더 저렴한 VR관람 티켓만 예매하면 집에서도 경기장 1층 좌석에서 관람하는 것과 같은 경험을 할 수 있기 때문입니다. 농구뿐만 아니라 다양한 스포츠, 엔터테인먼트까지 가능합니다.

넥스트VR

미국 실리콘밸리 VR스타트업 '넥스트VR(NextVR)'은 스포츠와 엔터테인먼트, 프로모션, 이벤트, 교육, 기타 등등 생방송으로 가능한 모든 영상 콘텐츠를 2D와 VR영상으로 서비스하는 전문기업입니다. 2015년 9월에는 VR헤드셋 분야의 대표 주자 오큘러스가 주최하는 '오큘러스 커넥트 2(Oculus Connect 2)' 행사를 실시간 360도 VR영상으로 중계하기도 했습니다.

oculus connect²

Loews Hotel in Hollywood, CA
September 23-25th, 2015

Welcome to Oculus Connect 2

NFL AND NEXTVR TO PRODUCE VIRTUAL REALITY POST-GAME EXPERIENCE
Available Worldwide for Free in the NFL channel starting Nov. 13
Read More

NBA DIGITAL AND NEXTVR TO DELIVER ONE LIVE GAME PER WEEK IN VIRTUAL REALITY
First Game Oct. 27, 2016
Read More

UNIVERSITY OF NOTRE DAME AND NEXTVR DELIVER FOOTBALL IN VIRTUAL REALITY FOR THE FIRST TIME
Saturday, Oct. 15 2016
Read More

2016 US OPEN TENNIS CHAMPIONSHIPS
September 8th - September 11th
Read More

BUNDESLIGA OPENING MATCH
Bayern Munich vs Werder Bremen - Aug 26 at 8:30pm UTC
Read More

NEXTVR TARGETS INTERNATIONAL GROWTH AND GLOBAL PARTNERSHIPS WITH $80 MILLION SERIES B FUNDING ROUND
Read More

GOLF'S US OPEN EXPANDS ITS VR PLAY
CNet - Terry Collins
Read More

VIRTUAL REALITY THE LATEST NEW HIGH-TECH WAY TO WATCH SPORTS
Associated Press - Rachel Cohen
Read More

NEXTVR FOUNDER: THE HARDWARE IS HERE; WE'RE WORKING TO BRING THE "FLOOD OF CONTENT"
Inverse - Nickolaus Hines
Read More

LIVE NATION CONCERTS COMING TO NEXT VR THIS SUMMER
USA Today - Marco della Cava
Read More

NEXTVR AND LIVE NATION TEAM UP TO STREAM 'HUNDREDS' OF CONCERTS
Engadget - Richard Lawler
Read More

WORLD'S FIRST VIRTUAL REALITY PRODUCTION TRUCK HAS ARRIVED
Mashable - Sama Hamedy
Read More

NextVR 주요 콘텐츠

출처 NextVR.com

NBA(미 프로농구) VR생중계

1 '콜드플레이' 공연실황 VR생중계
2 '몬스터트럭' 경기 VR생중계
3 'US오픈 골프' 경기 VR생중계
4 '맨체스터유나이티드' 축구경기 VR생중계

| 1 | 2 |
| 3 | 4 |

관련 콘텐츠

- 라이브라이크VR

출처 www.livelikevrcom

친구와 함께 라이브 스포츠를 관람할 수 있는 세계 최초의 가상현실 플랫폼입니다. 당신만의 가상 라운지에서 별도의 스포츠 하이라이트와 클립영상을 즐길 수 있습니다.

Go to the Game and More in VR with LiveLike | 1st and Future
출처 TechCrunch, https://youtu.be/9YRVC714OE0

■ VR 풋볼트레이닝

STRIVR

6개의 NFL(미식축구리그)팀과 12개의 대학 풋볼팀은 STRIVR(Strivr Labs)의 기술을 활용해 훈련에 활용하고 있습니다. 대학최강 스탠포드대학 풋볼팀 역시 VR훈련효과를 톡톡히 봤습니다. 실제 모의 훈련경기 때 360도 카메라를 선수 머리에 장착하고 기록된 영상물을 바탕으로 실내에서 훈련용으로 활용합니다. 기상 악화로 외부 훈련이 어려울 때, 실내에서 실전처럼 훈련하는 듯한 효과를 얻을 수 있다고 합니다.

STRIVR: Virtual Reality Sports Simulator | 60 MINUTES SPORTS September Preview
출처 SHOWTIME Sports, https://youtu.be/QSJVU7PK660

STRIVR을 활용한 훈련 모습

출처 VR-ZONE

오큘러스 VR헤드셋을 활용해 스탠포드 풋볼 경기장을 찾은 관람객에게 시연하는 모습

이온 스포츠 VR(eon sports VR)

이온 스포츠(EON SPORTS) 역시 NFL, 야구팀에 VR훈련 프로그램을 제공합니다. 특이점은 선수에게 직접 고프로 액션카메라를 부착해 실제 경기장면을 기록한 후 훈련에 활용한다는 점입니다. 또한 포지션별 선수들에게 각각 카메라를 부착해 보다 다양한 시점에서 훈련에 임할 수 있습니다. 이는 실시간으로 경기 전략을 세우는데 큰 도움이 된다고 합니다.

360 VR EON Sports VR Demo with Jason Giambi
출처 EON Sports VR, https://youtu.be/hXOQsXFcWnk

VR스포츠 게임

VR Sports - VR-Gameplay (Oculus Rift, GDC 2016)
출처 GolemDE, https://youtu.be/ITNh7WBOFYl

가상의 농구선수 캐릭터를 선택하고, 게임 속 선수의 시야에서 3점 슛, 덩크슛 콘테스트를 즐길 수 있고, 가상의 풋볼 게임도 즐길 수 있습니다.

출처 GAMEPLAY

저자의 트렌드 평

새로운 조리도구가 개발되면 음식 맛은 크게 달라질 수 있습니다. 오븐에 구운 닭과 기름에 튀긴 닭의 맛이 크게 다른 것처럼 말이죠. VR스포츠는 스포츠의 재미를 더 맛있게 조리해주는 새로운 도구와 같습니다. 관람을 위한 VR, 훈련을 위한 VR, 게임을 위한 VR 등 같은 도구를 사용하지만, 사용환경에 따라 전혀 다른 맛을 만들어 내는 도구이기도 합니다. 아직은 비용과 무게, 크기면에서 부담이 많은 것은 사실입니다. 더 저렴해지고, 더 가벼워지고, 더 작아지면 지금 보다 더 많은 사람들이 스포츠만의 재미를 더 만끽할 수 있을 것이라 생각합니다.

미래 가능 콘텐츠

■ 게토레이 구매 시+무료 VR헤드셋 or VR스포츠 관람권 프로모션

대형마트에 가면 스포츠 음료 구매 시 스포츠 물통을 사은품으로 제공할 때가 있습니다. 앞으로는 저가형 무료 VR헤드셋이나 VR스포츠 관람권 등이 사은품으로 제공될지도 모릅니다. 스포츠 후원사들의 VR마케팅이 활발해질 것으로 예상됩니다.

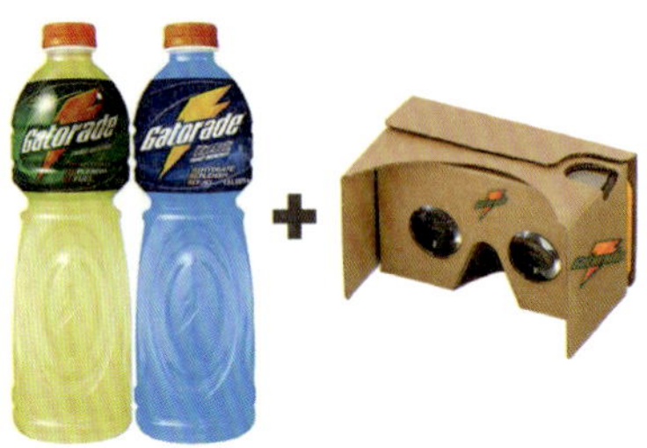

_______ 게토레이는 2015년 10월 세계 최초로 VR360 캠페인을 진행했습니다.

■ Gatorade | 360˚ Bryce Harper Virtual Reality Experience

출처 Gatorade, https://youtu.be/AFKZ3zFsbS8?list=PLYHB_K45JmFqd4mOGUEQvxNntqYCmKRh-

돈가스 나이프와 VR스포츠 기술의 공통점

과거 '돈가스'가 한국에 처음 소개되었을 때, 사람들은 숟가락과 포크, 나이프를 보고 신기해했고, 튀긴 고기를 칼로 썰어먹는 방식에 놀라워했던 시절이 있었습니다. 그야말로 '돈가스'는 서양식 고급 음식이었습니다. 지금의 VR스포츠 기술이 그 시절 돈가스를 썰어먹던 나이프처럼 새롭고, 놀라운 도구가 된 듯 합니다.

고급 음식 돈가스가 분식집 단골 메뉴가 되고, 언제든 주문하면 배달 받아 먹을 수 있고, 가정에서도 쉽게 조리해 먹을 수 있을 만큼의 보통 음식이 된 데는 조리도구뿐만 아니라 주문/결제/포장/배달 기술의 발전이 큰 역할을 했다고 볼 수 있습니다. 전화와 인터넷, 모바일 주문이 가능해졌고, 생체인식만으로 간편 결제가 가능해진 것이지요. 지금의 VR스포츠 기술이 평범한 기술이 되기까지 얼마나 걸릴지 예상할 수는 없지만, 분명한 건 주문/결제/포장/배달 기술의 발전 속도에 따라 함께 달라질 수 있습니다. VR기술의 미래가 궁금하다면, 이들 기술에 지속적인 관심을 가져야 합니다.

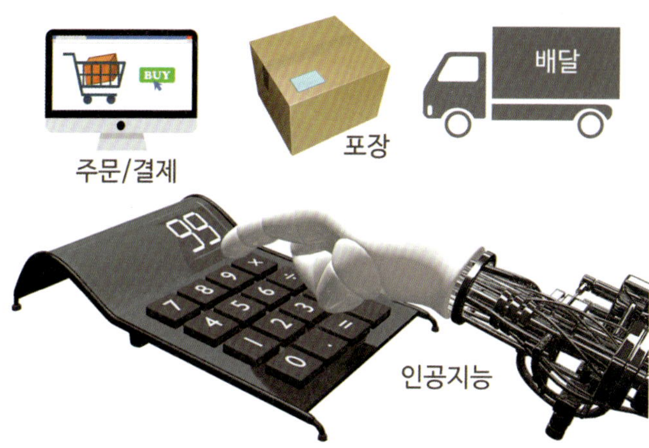

스포츠 주문/결제/포장/배달 기술

> 트위터는 텍스트,
> 인스타그램은 이미지,
> 유튜브는 영상,
> 페리스코프는 생방송,
> 오큘러스는 VR,
> 페이스북은 모든 것을 서비스합니다.

소셜VR
VR플랫폼의 기준이 되다

소셜의 시작은 트위터였습니다. 그렇게 얘기해도 결코 과언이 아닐 거라 생각합니다. 당시 사용자 대부분은 웹 상에서 텍스트를 공유했고 아이폰이 등장하면서 텍스트와 함께 사진까지 공유하기 시작했습니다. 데이터 전송속도가 빨라지고, 카메라 해상도가 높아지면서 지금은 동영상까지 공유하고 있습니다. 페이스북이 그 플랫폼 역할을 톡톡히 해준 셈입니다. 특히, 스크롤과 동시에 자동 재생되는 동영상 기능은 많은 사용자들을 페이스북 공간에 붙잡아두는 역할을 기대이상으로 잘 소화해 주었습니다. 오랫동안 붙잡아 둬야 오랫동안 광고에 노출시킬 수 있으니까요. 인스타그램이 영업부장 역할을 했다면, 동영상 자동 재생 기능은 관리부장 역할을 한 셈입니다. 지금은 동영상을 넘어 실시간 방송(LIVE)에 가상현실(VR) 서비스까지 제공하고 있습니다.

_______ 2014년 페이스북은 VR 스타트업 '오큘러스'를 약 2조 4천억 원에 인수했습니다. 인수 당시 오큘러스 창업자 '팔머럭키'의 나이는 22세(1992년생)였고, 19세에 오큘러스를 창업했습니다.

페이스북 소셜VR

Facebook Social VR Demo - Oculus Connect 2016
출처 Road to VR, https://youtu.be/YulgyKLPt3s

페이스북 창업자 마크 주커버그가 행사장에 등장해 오큘러스 헤드셋과 터치를 착용합니다.

착용 후 사용자의 모습을 닮은 아바타와 그의 회사 동료인 루시, 마이클의 아바타도 등장합니다. 이 아바타는 얼굴표정과 웃음소리까지 연출해냅니다.

마이클은 손목에 착용한 기기에서 거울을 꺼내 주커버그에게 건네주고, 거울 속에 비친 자신의 아바타를 본 주커버그는 이렇게 말합니다. "왜 내 아바타는 저스틴 팀버레이크(미국 인기가수) 젊은 시절 모습 같지?" 동시에 현장에 있던 관객들의 웃음이 터집니다.

행사장을 배경으로 서로 대화를 나누던 아바타들은 이번엔 바다와 화성, 그리고 페이스북 사무실로 장소를 바꿔 대화를 이어갑니다.

사무실 테이블에서 트럼프 카드 게임, 체스, 펜싱에 영화까지 즐길 수 있습니다. 한국판 버전이 가능해 진다면, 고스톱에 오목, 장기, 제기차기 정도로 비유될 수 있겠네요.

다시 장소를 옮기려고 합니다. 여러 채널이 보여지고 원하는 채널을 손으로 집어 접속합니다.

실시간 360도 카메라가 작동 중인 주커버그의 집으로 장소를 옮깁니다. 주커버그 와이프에게 걸려온 화상 통화에서 와이프는 이렇게 얘기합니다. "왜 당신의 아바타 는 저스틴 팀버레이크(미국 인기가수) 젊은 시절 모습 같지?" 다시 한 번 웃음이 터 져 나옵니다. 계속된 화상 통화에서 가상의 아바타와 통화가 가능하다는 모습을 보 여주고 있습니다.

앞서 거울을 건네주었던 마이클이 이번에는 셀카봉을 건네줍니다. 셀카봉을 건네받은 주커버그는 화상 통화 중인 자신의 모습을 카메라로 찍습니다.

3장의 사진을 촬영한 후 하나를 골라 곧바로 페이스북에 업로드 합니다. 동시에 우리가 공유할 수 있는 콘텐츠는 더욱 풍부해질 수 있다는 사실을 알 수 있습니다.

■ MS홀로포테이션

_________ 자세한 내용은 4장(4-2)의 [화상통화의 3D 버전, 홀로포테이션]을 참조해주세요(237쪽).

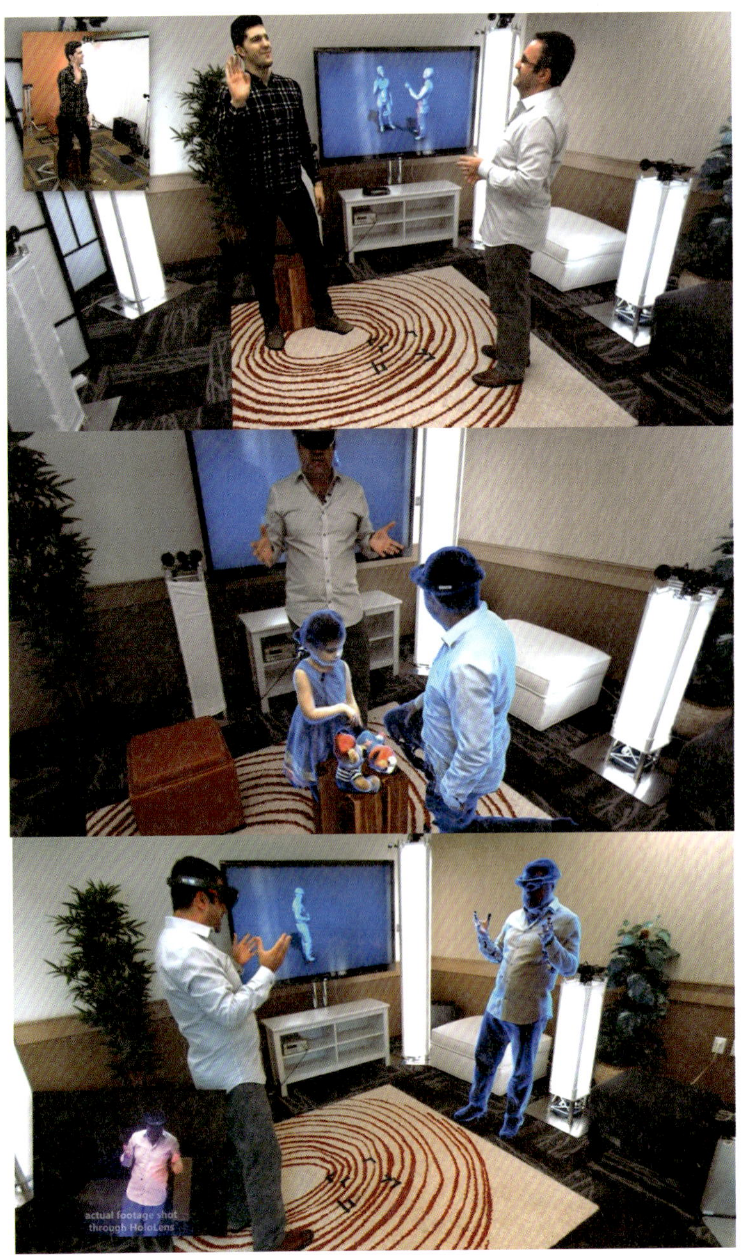

저자의 트렌드 평

■ 함께 경험을 공유하다

소셜VR을 한 문장으로 정리하자면 이와 같이 정리할 수 있습니다. 시간, 장소에 구애 받지 않고 함께 게임을 즐길 수 있고, 백화점, 콘서트장, 강의실, 심지어 여행까지 장소가 어디든 가족, 친구, 동료 누구나 함께 추억을 공유할 수 있습니다. 예를 들면, 콘서트장을 찾은 아바타들은 페이스북 페이로 티켓을 예매하고, 즉석에서 야광봉을 구매하며 가상 거래까지 가능하게 될 것입니다. 마무리는 콘서트장을 배경으로 찍은 아바타들과의 사진이 되겠지요.

사실 소셜VR 보다 소셜AR의 형태로 시장이 먼저 형성될 가능성이 높을 것으로 예상해 봅니다. 콘텐츠 제작기간이나 비용, 헤드셋의 크기나 사양, 비용 등이 AR과 비교했을 때 커다란 단점으로 비춰질 수 있기 때문입니다. 또한 AR기술은 주머니 속, 핸드백 속에 항상 소지하고 다닐 수 있지만, VR기술은 그렇지 않기 때문입니다.

미래 가능 콘텐츠

■ 기억되기 쉬운 이름의 브랜드를 가져라

3D 스캔이 가능한 스마트 거울(Naked.fit), 아이폰으로 찍은 사진 두 장으로 여성의 가슴 사이즈를 측정하고(써드러브 앱), 발 사이즈, 머리 사이즈, 손가락 사이즈까지 측정이 가능해지면서 이를 바탕으로 이뤄지는 가상 쇼핑이 소셜VR 상에서 동시에 이루어질 가능성이 높습니다. 각각의 앱을 설치하기보다 인공지능 채팅 서비스 챗봇에서 언제든 음성으로 관련 앱을 불러올 수 있습니다. 때문에 기억되기 쉬우면서 음성인식의 오류가 적은 브랜드명을 가지는 것이 유리할 수 있습니다.

인공지능의 거래, 사랑, 다툼

인간은 서로의 생각을 대화를 통해 주고받습니다. 그런 대화 속에서 거래가 이루어지기도 하고, 사랑의 감정이 싹트기도 하고, 다툼이 생기기도 합니다. 인공지능은 그런 인간의 생각을 기술로 완성하기 위한 시도로 볼 수 있습니다. 인공지능과의 대화에서 거래, 사랑, 다툼이 가능할 정도의 기술 개발이 가능하게 된다면, 어떤 세상이 펼쳐지게 될까요? 지금의 인공지능과 지금의 사물인터넷에 대한 고민 역시 인공지능이 해결해 줄 수 있을까요? 고민에 대한 해결책은 기대할 수 있겠지만, 인간처럼 고민하지는 않을 것으로 생각됩니다. 인간과 인공지능의 효과적인 상생방안이 필요한 때입니다.

> 역사를 가진 모든 곳에 실시간 360도 카메라가 장착되는 날, 역사교과서는 역사가 될지도 모릅니다.

VR교육
교실에서 역사를 체험하다

그래픽으로 제작된 VR에서는 이순신 장군과 함께 왜적에 맞서 싸우고, 세종대왕과 함께 한글 창조에 이바지 할 수도 있습니다. 왕의 식사를 담당하는 수라간에서 궁중음식을 만들어 볼 수도 있고, 왕의 변이 담긴 매화틀을 관찰할 수도 있습니다. 이 모든 과정을 선생님의 지도하에 교실에서 체험할 수 있습니다. 역사는 구글에 의해 이미 시작되고 있습니다.

구글 익스페디션 파이오니어 프로그램

Expeditions: Take your students to places a school bus can't
출처 Google for Education, https://youtu.be/mlYJdZeA9w4

가장 많은 VR콘텐츠를 보유한 기업은 구글의 유튜브입니다. 물론 무료로 제공됩니다. 무료 콘텐츠를 마음껏 즐길 수 있게 VR헤드셋도 골판지로 만든 저가형 제품을 선보였습니다. 이를 '카드보드(Cardboard)'라고 부릅니다. 현재 인터넷 쇼핑몰에서 약 3,000원 정도에 구매가 가능합니다. 이마저도 아깝다면, 인터넷에 공개된 카드보드의 도안을 얻어 직접 제작할 수도 있습니다. 단점이 있다면, 저가의 헤드셋을 얻는 대신에 고가의 스마트폰이 필요합니다.

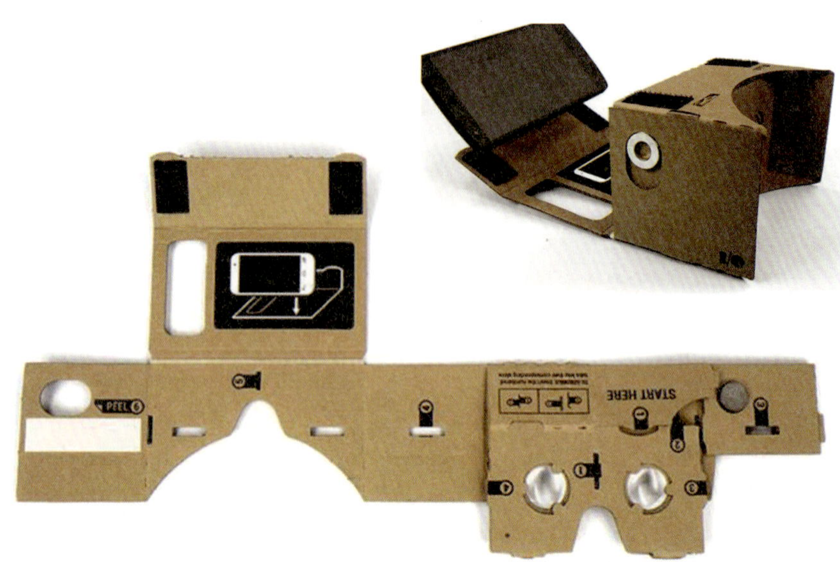

구글은 VR교육산업의 확산을 위해 '구글 익스페디션 파이오니어 프로그램(Google Expeditions Pioneer Program)'을 진행하고 있습니다. 필요한 모든 장비를 무료로 제공하며 인터넷 사용이 어려운 지역에서도 사용 가능하도록 구성하였습니다.

일단 선생님에게 태블릿 PC가 제공됩니다. 선생님은 수업 1시간 전 별도의 교육으로 먼저 사용법을 익힙니다. 그래야 학생들과 무리 없이 수업을 진행할 수 있으니까요.

학생들에게는 카드보드와 스마트폰이 제공됩니다. 선생님이 선택한 콘텐츠를 보며 모두가 동시에 학습할 수 있습니다. VR교육의 장점은 몰입감에 있습니다. 책과 영상수업에 익숙한 학생들에게 VR은 새로운 학습경험을 선사합니다.

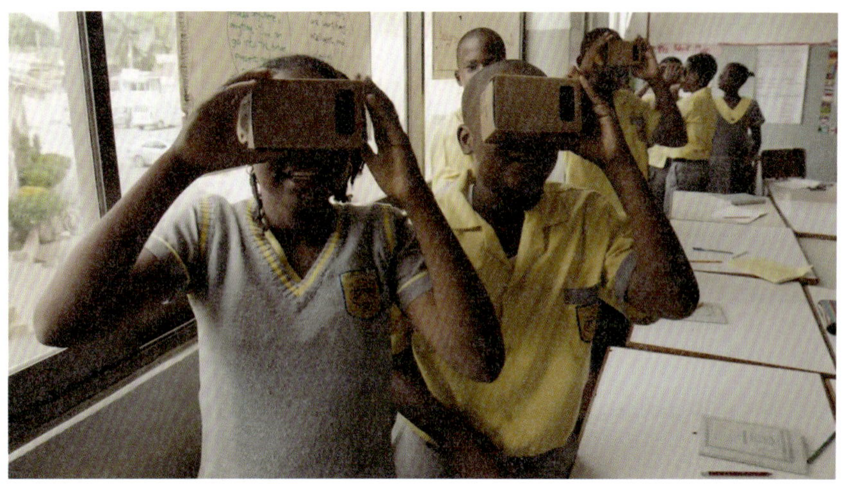

VR시청을 마치고는 곧바로 노트에 정리하는 모습입니다.

______ 유튜브에서 VR관련 영상을 검색 후 우측 하단에 카드보드 모양의 아이콘을 터치하면 VR모드로 시청할 수 있습니다.

구글 어스 VR(Google Earth VR)

Google Earth VR - Bringing the whole wide world to virtual reality
출처 Google, https://youtu.be/SCrkZOx5Q1M

플립러닝(flipped learning)에 가장 적합한 VR콘텐츠가 아닐까 생각합니다. 여행가고 싶은 나라를 선택하고 미리 여행하며 역사와 문화에 관련된 내용들을 학습한 후 다른 학생들과 공유할 수 있는 좋은 콘텐츠가 될 듯 합니다. 이제 세계 지리 시간이 지루하지 않을 것 같습니다.

_______ 플립러닝(flipped learning)이란? 온라인을 통해 미리 학습한 내용을 오프라인 강의에서 선생님 또는 학생들과 토론하며 진행하는 「역진행 수업 방식」을 말합니다.

MS교육용 원노트(OneNote)

OneNote in Education: A framework for teaching and learning with OneNote class notebooks
출처 Office Videos, https://youtu.be/gz_AENcK7w4

무거운 책과 노트 없이 태블릿 PC 한 대만 있으면 모든 교육과정을 진행할 수 있습니다. 일단, 원노트를 켜고 윈도우의 잉킹 기능을 이용해, 자신의 생각을 정리하여 공유할 수 있고 동시에 자신의 학습 데이터를 꾸준히 축적할 수도 있습니다. 필요한 정보는 온라인 검색을 통해 수시로 찾아낼 수 있고, 콘텐츠 제작까지 이어서 진행할 수 있습니다.

저자의 트렌드 평

현재 유튜브에서 검색되는 VR관련 콘텐츠의 경우, 성인물 위주의 콘텐츠가 자주 노출됩니다. 호기심 가득한 학생들에게는 무심코 지나치고 싶지 않은 강력한 콘텐츠가 될 수 있습니다. 또한 현저하게 떨어지는 해상도로 인해 오히려 눈 건강을 해칠 수도 있습니다. 때문에 단순체험과 더불어 360도 카메라를 구입해 직접 관련 콘텐츠를 제작하는 방향으로 VR교육이 병행되었으면 합니다. 어쩌면 VR체험 및 제작을 위한 학원이나 방과 후 수업이 그 자리를 대신할 지도 모르겠습니다.

미래 가능 콘텐츠

VR교육에 매우 적합한 콘텐츠는 안전과 관련된 분야입니다. VR특유의 몰입감을 살린 안전 관련 콘텐츠는 흐름에 큰 영향을 받지 않으면서 저비용 고효율의 효과를 얻어낼 수 있기 때문입니다. 이를 관련 기업이나 부처에서 제작할 수도 있겠지만, 공모전을 통해 학생들의 VR기획/제작 능력을 향상시키는 방향으로 진행해도 좋을 듯 합니다.

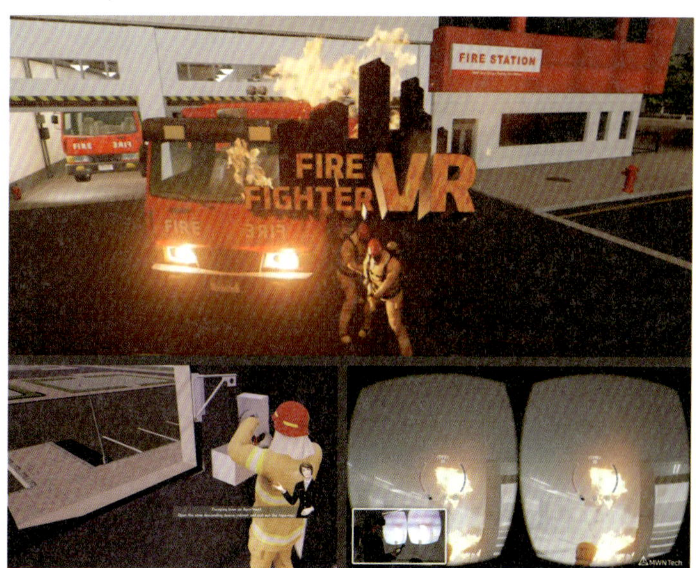

VR을 활용한 안전교육 사례
출처 Fire Fighter VR (ver. Global) - MWN Tech, https://youtu.be/3bX8Z9Vzwp8

인공지능으로 인해 사라지는 직업을 인공지능에게 묻다!

지난 150년간 1차 산업혁명의 증기기관과 2차 산업혁명의 전기, 3차 산업혁명의 정보기술(IT)을 거쳐 지금의 데이터 기반의 4차 산업혁명까지 인류의 삶은 크게 변화해 왔습니다. 그런 엄청난 변화 속에서도 변함없이 꿋꿋하게 버텨온 한 가지가 있습니다. 바로 교육 환경입니다.

교육에 필요한 기기와 콘텐츠는 꾸준히 발전해왔지만, 책상 배치가 토론식 형태로 바뀌었다는 것 외에는 변한 것이 거의 없습니다. 인터넷 기술의 발달로 정보 검색이 쉬워지면서 살아 움직이는 도서관에 비유되었던 선생님의 위상은 유령 도서관이 되었고, 멋진 미래를 꿈꾸며 준비해야 할 학생들은 그들의 꿈마저도 검색 창에 의존하는 현실에까지 이르렀습니다. 어쩌면 앞으로의 교육은 온라인 기술 기반의 교육과 오프라인 기술 기반의 교육, 그리고 사람에서 사람에게 전달되는 인간다운 인간의 교육이 필요할지 모릅니다. 적어도 인공지능으로 인해 사라질 가능성이 높은 직업을 인공지능에게 묻는 불상사는 없는 그런 교육이 절실히 필요한 때입니다.

마윈이 말합니다.
"세상에서 가장 같이 일하기 힘든 사람은 가난한 사람들입니다."

마윈이 묻습니다.
"당신은 가난한 사람입니까?"

마윈이 다시 말합니다.
"기다리다 끝내지 말고, 더 이상 생각만 하지 말고, 당장 행동하세요."

자유를 주면, 함정이라 하고
작은 비즈니스라고 하면, 돈을 별로 못 번다고 하고
큰 비즈니스하자고 하면, 돈이 없다고 하고
새로운 사업을 하자고 하면, 경험이 없다고 하고
전통적인 비즈니스라고 하면, 어렵다고 하고
새로운 비즈니스라고 하면, 다단계라고 하고
마트를 같이 운영하자고 하면, 자유가 없다고 하고
새로운 사업을 시작하자고 하면, 전문가가 없다고 한다.

그들에게는 공통점이 있습니다.
구글과 같은 검색 사이트에 물어보기를 좋아하고,
희망이 없는 친구들에게 의견 묻기를 좋아하고,
스스로는 대학교수보다 더 많은 생각을 하면서도
앞을 못 보는 시각 장애인보다 더 적은 일을 합니다.

그들에게 물어보세요. 과연 무슨 일을 할 수 있는지…….

여러분의 심장이 빨리 뛰는 대신 행동을 더 빨리 하고,
그것에 대해 생각해 보는 대신 무엇이든 그냥 시작하세요!
가난한 사람들은 공통적인 행동 때문에 실패합니다.
그들의 인생은 기다리다 끝이 난다는 사실입니다.

그렇다면 지금의 당신에게 물어보세요.

"당신은 가난한 사람입니까?"

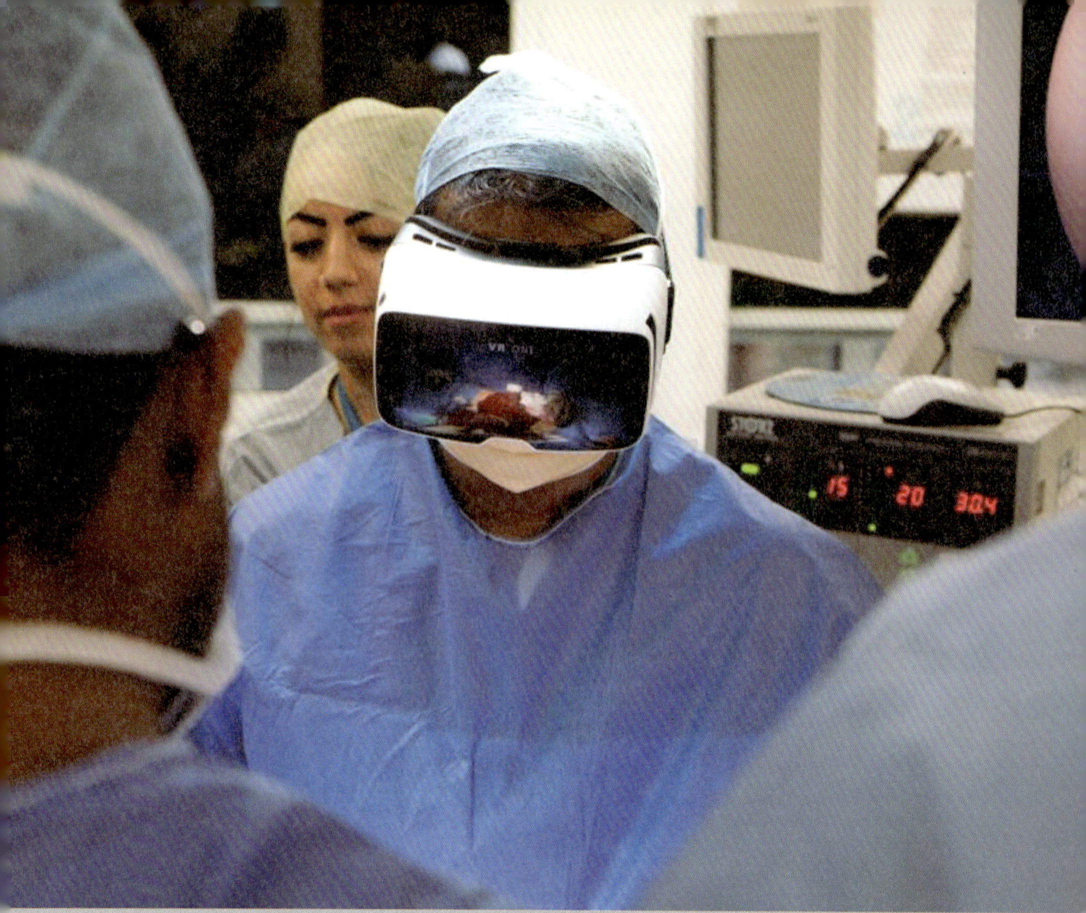

"

인간은 보이는 것을 기억합니다.

VR은 기억할 수 있는 무언가를 현실처럼
보여줍니다.

"

VR의학
뇌를 속여 고통을 치유한다

"놀면서 즐겁게 운동할 순 없을까?
그러면 살 금방 뺄 수 있을 텐데.."
"안 아프게 치료받을 순 없을까?
그럼 부담 없이 병원 갈 수 있을 텐데.."

헬스장에서 신나는 음악을 틀어준다거나 런닝머신에 TV모니터가 설치된 건, 바로 이런 이유 때문입니다. 병원에선 하얀 가운 대신 편안하고 친근한 디자인의 가운을 입고, 어린이 병원에선 다양한 캐릭터들로 인테리어를 합니다. 의사 선생님 역시 캐릭터 옷에 캐릭터가 부착된 의료기구를 사용하고, 치료 받는 어린이에게 사탕을 건네줍니다. 차후에 다시 병원을 찾는 아이들은 아프고 무서운 병원이 아닌 친근하고 사탕 주는 아저씨가 있는 곳으로 인식합니다. 뇌에게 그런 이미지를 심어주는 것입니다. VR기술이 고통 받는 환자들에게 그런 역할을 수행할 수 있습니다. 몇 가지 사례를 살펴보겠습니다.

마인드메이즈(Mindmaze)

MindMaze CEO Tej Tadi presents MindLeap AR/VR neurogoggles
출처 MindMazeSA, https://youtu.be/HEaJf6y2rVl

VR기술이 환상통을 겪는 환자에게 도움이 될 수 있습니다. 신체 절단 수술을 받은 환자에게서 주로 나타나는 현상으로 신체가 없음에도 불구하고 계속해서 고통을 호소합니다. 이와 같은 환상통을 겪는 환자들에게 VR, AR, 모션캡처 기술이 이용됩니다. 현실에서 팔이 절단되었지만, 가상현실 속에서는 팔을 움직일 수 있는 것입니다. 이렇게 해서 뇌에게 마치 팔이 있는 것처럼 기억되게 하는 것입니다. 실제로 환상통을 치유하는데 큰 도움이 된다고 합니다.

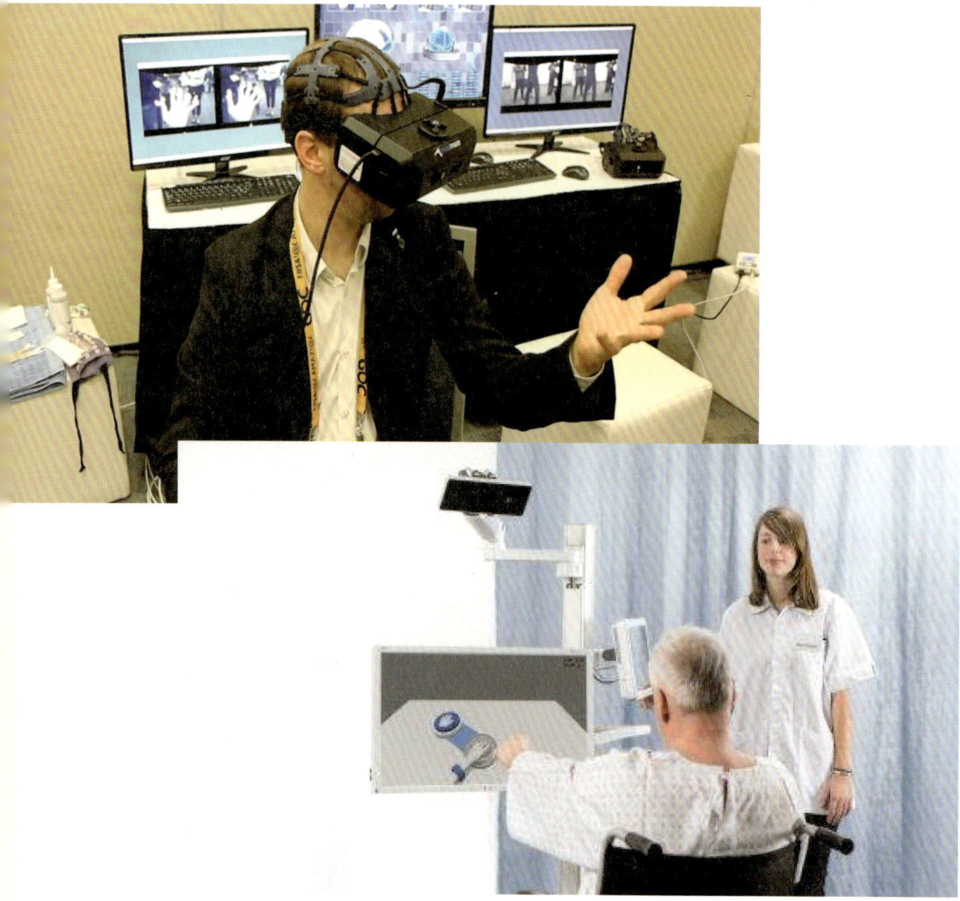

출처 www.mindmaze.ch

또한 VR게임 기술을 활용해 뇌 외상이나 뇌졸중 환자에게 새로운 신경 연결을 자극함으로써 치료에 활용할 수 있다고 합니다. 이미 기업가치 10억 달러 이상을 넘어섰고 1억 달러의 투자까지 유치함으로써 2017년에는 미국에서 '마인드리프(Mind-Leap)'라는 치료용 게임 시스템을 판매할 계획이라고 합니다.

워크 어게인 프로젝트(Walk Again Project)

Walk Again Project reports first clinical results
출처 Colorado State University, https://youtu.be/PIIXhih5Qpg

사고로 하반신이 마비된 환자에게 VR기술과 뇌파 기술(BMI)을 이용한 걷는 실험이 진행됐습니다. 환자에게는 오큘러스 VR헤드셋이 착용되고 뇌파 센서가 부착되었습니다. 환자가 다리를 움직인다고 생각하면 이 뇌파를 감지해 VR상에서 아바타를 움직이게 했습니다. 현실에서는 움직이지 못했지만, 가상현실에서 움직이는 모습을 관찰하게 된 환자의 뇌와 척추의 신경세포가 점차 살아났습니다. 이 치료는 매일 하루 2시간씩 13개월에 걸쳐 진행되었습니다. 13개월 만에 굳어있던 하체의 근육 신경을 뇌파로 다시 활성화시켜 움직일 수 있게 되었습니다. 치료 초반에는 뇌파로 움직이는 외골격 로봇이 사용되었지만, 점차 신경이 되살아나면서 외골격 로봇은 몸을 지탱해주는 역할만을 수행했습니다.

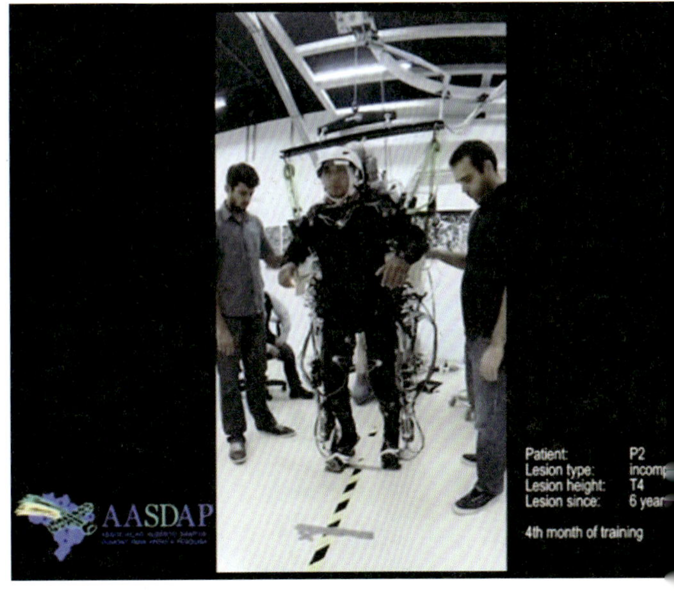

관련 콘텐츠

■ 넥스트갤럭시 VR기술을 활용한 심폐소생술 훈련

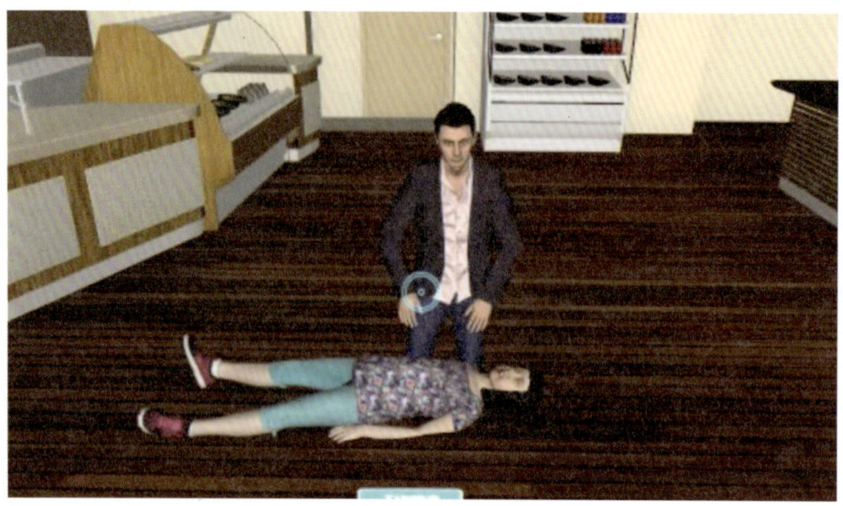

출처 http://fortune.com/2015/08/17/virtual-reality-hospitals/

■ 메디컬리얼리티스의 VR기술(360도 영상)을 이용한 교육 장면

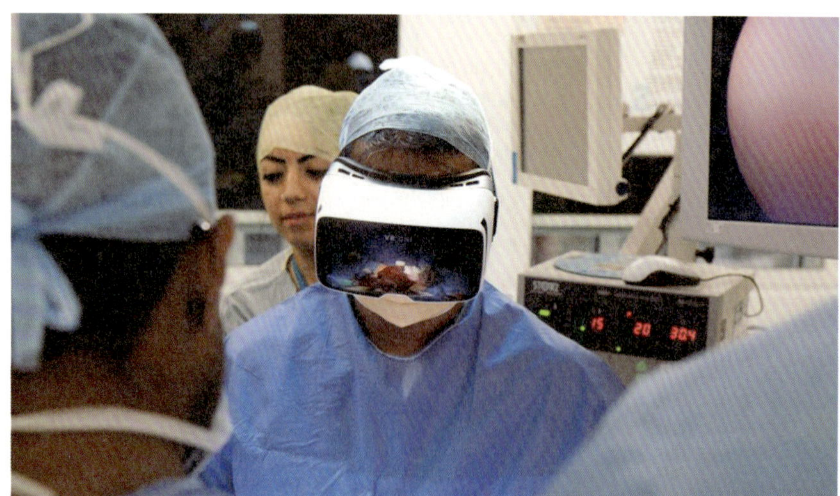

출처 www.medicalrealities.com

■ 환자의 고통을 덜어주는 VR, 어플라이드 VR(Applied VR)

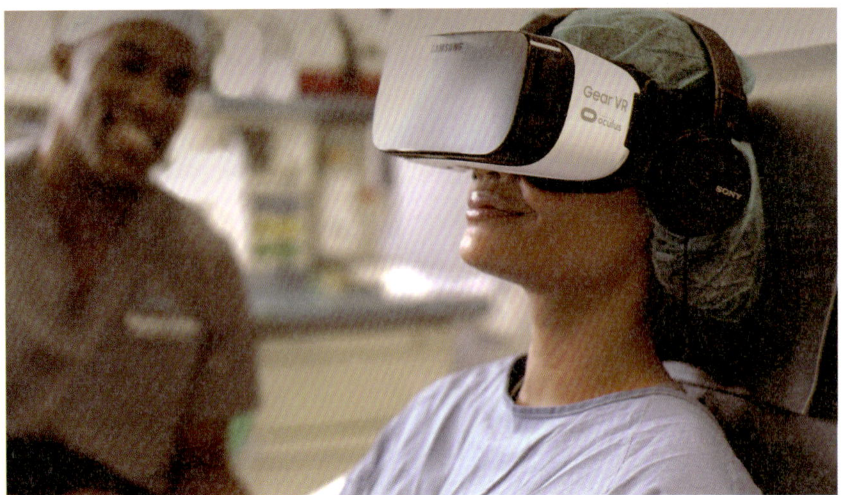

출처 appliedvr.io

■ 바젤 대학교(University of Basel)에서 개발한 컴퓨터 단층 촬영 데이터를 사용한 실시간 3차원 이미지 기술

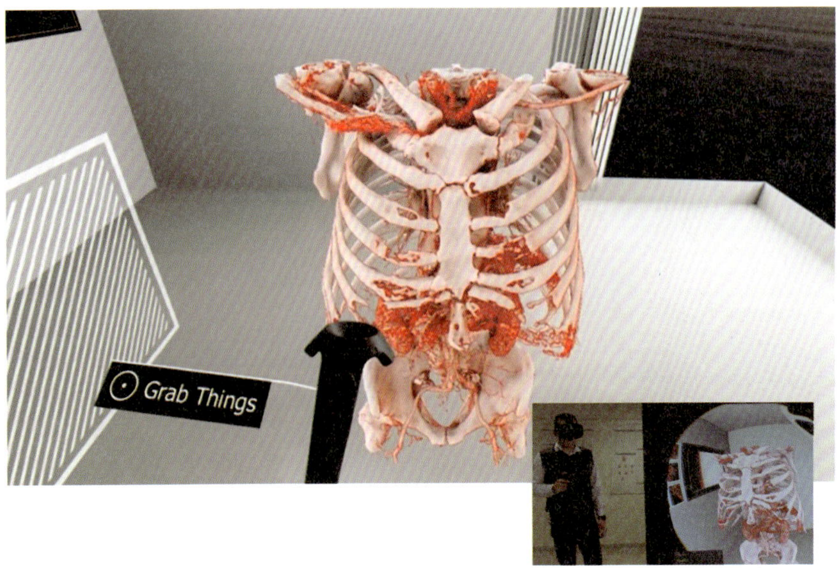

출처 Virtual Reality in Medicine: New Opportunities for Diagnostics and Surgical Planning - Universit?t Basel, https://youtu.be/AttXbcLUyR0

저자의 트렌드 평

보다 저렴하고 편리한 가상현실 의료교육이 가능해지면서 의대생에게는 실제와 같은 반복훈련이 가능해집니다. 뿐만 아니라 수술을 준비중인 환자와 그 가족들에게 가상의 수술을 체험하게 함으로써 어느 정도 부담감을 덜어줄 수 있습니다. 또한, 인공지능(AI)과 결합된 VR기술의 발달로 의사와 의대생, 환자, 가족들에게까지 긍정적인 효과를 유발할 것으로 기대됩니다.

미래 가능 콘텐츠

■ 의학전용 AI(인공지능) 캐릭터 개발

의학용 인공지능 캐릭터를 미리 개발한다면, VR산업에 익숙하지 않은 대중에게 친숙하게 다가갈 수 있을 것입니다.

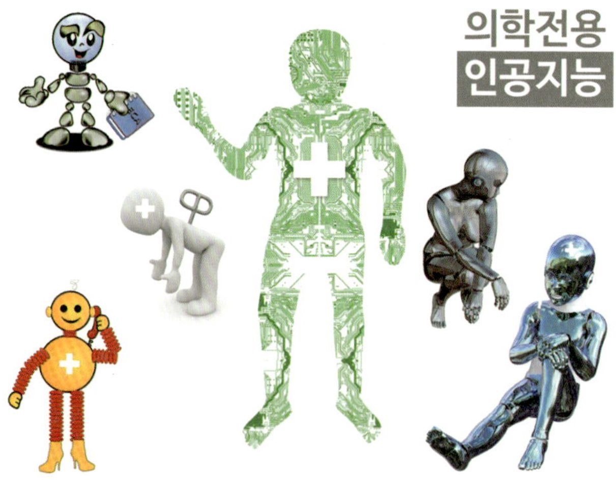

머신러닝으로 러닝머신 위를 달리다

하반신 마비로 15년 넘게 걷지 못해 휠체어에 의존하며 살아왔던 환자가 외골격 로봇의 도움으로 조금씩 걸을 수 있게 되었습니다. 놀라운 점은 인공지능을 탑재한 이 로봇은 걸음이 계속될수록 그 움직임을 파악해 그때그때 다르게 반응한다는 사실입니다. 기계가 스스로 학습하며 더 효과적으로 반응하는 것이지요. 환자는 이렇게 말합니다. 두 발로 서서 걸을 때의 시야와 걷고 있는 자신의 발이 그저 신기할 따름이라고 말입니다. 머지않아 머신러닝의 도움으로 러닝머신 위를 달리는 그의 모습을 상상해 봅니다.

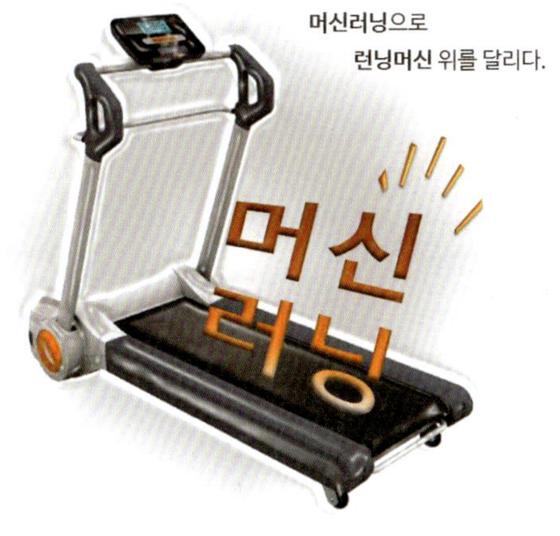

> 벽지를 다른 걸로 바꿔서 볼 수 있나요? 주방 타일 색상이나 욕실 타일 색상, 마루 바닥을 다른 재질로 바꿔서 볼 수 있나요?
>
> 견본 주택에서는 불가능하지만, VR견본주택에서는 얼마든지 가능합니다.

VR건축
설계 도면만 있다면 가능하다

아파트 견본 주택을 한 번쯤은 방문해보셨을 거라 생각합니다. 아파트를 분양 받을 목적이 아니더라도 구경하는 재미에 방문하기도 하지요. 일단 입구에 들어서면, 가장 먼저 눈에 들어오는 것은 아파트 주변 환경을 축소해 놓은 미니어처입니다. 하늘에서 내려다보는 느낌의 스카이뷰를 제공합니다. 학교나 병원, 쇼핑, 교통 등의 주변 환경을 한 번에 확인할 수 있어 누구나 쉽게 이해할 수 있습니다.

이어서 주택에 들어서면 실제 크기를 가늠할 수 있고, 사용된 자재 등을 미리미리 확인할 수 있습니다. 방문하는 입장에서는 직접 눈으로 보고, 만져보면서 체험할 수 있다는 장점이 있습니다. 단점은 단기간 사용되는데 비해 시간과 비용이 너무 많이 소요된다는 점입니다. 또한 아파트 구조와 아파트 실내 인테리어 정도 외에는 고층 아파트 베란다에서 내려다보는 뷰(View)나 같은 평형의 다른 구조를 가진 아파트를 확인할 수 없었습니다. 이런 단점을 VR기술로 모두 보완할 수 있습니다. VR기술을 활용한 건축사례를 살펴봅니다.

플로드

출처 Floored, https://youtu.be/YXCODPdQHTg

플로드(Floored)는 VR기술을 활용해 완공되지 않은 건물을 고객에게 미리 보여주는 서비스를 제공합니다. 가상 견본 주택 혹은 견본 빌딩 정도로 생각하면 됩니다. 설계 도면을 클릭하면 가상 건물의 실내외를 확인할 수 있습니다.

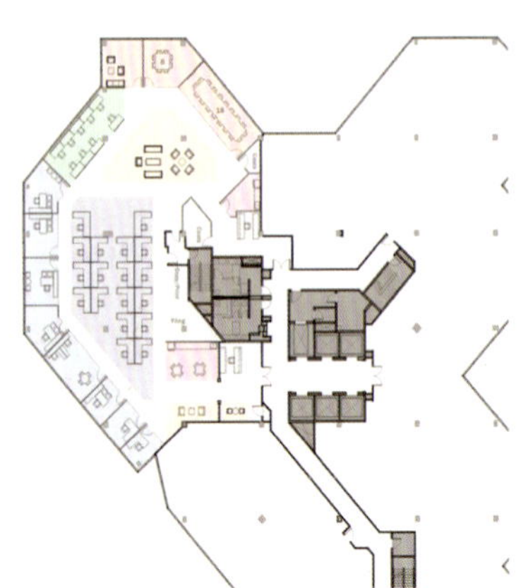

고객이 원하는 인테리어 컨셉으로 미리 설계해 확인할 수 있다는 점에서 부동산 회
사들의 수요가 갈수록 늘어나고 있습니다.

의뢰한 고객을 위해 제작된 VR건축 콘텐츠는 향후 일반 분양 고객을 위해 활용될 수 있다는 점에서 비용 절감 효과까지 얻을 수 있습니다.

Floored VR Demo Reel
출처 Floored, https://youtu.be/n_8bRrW8t1Y

관련 콘텐츠

| VR티산(VRtisan)

Interactive Virtual Reality Architectural Visualisation - VRtisan - Examples of interactivity
출처 VRtisan Architectural Visualisation, https://youtu.be/ey9F0k_Nmf0

VR + Artisan = VRtisan

VR티산은 모든 주요 플랫폼 및 장치와 연동되는 대화형 응용 프로그램 및 가상 환경을 제작하는 기업입니다. 고품질의 비주얼과 가상현실 환경 및 응용 프로그램을 제공할 수 있는 기술을 보유하고 있습니다.

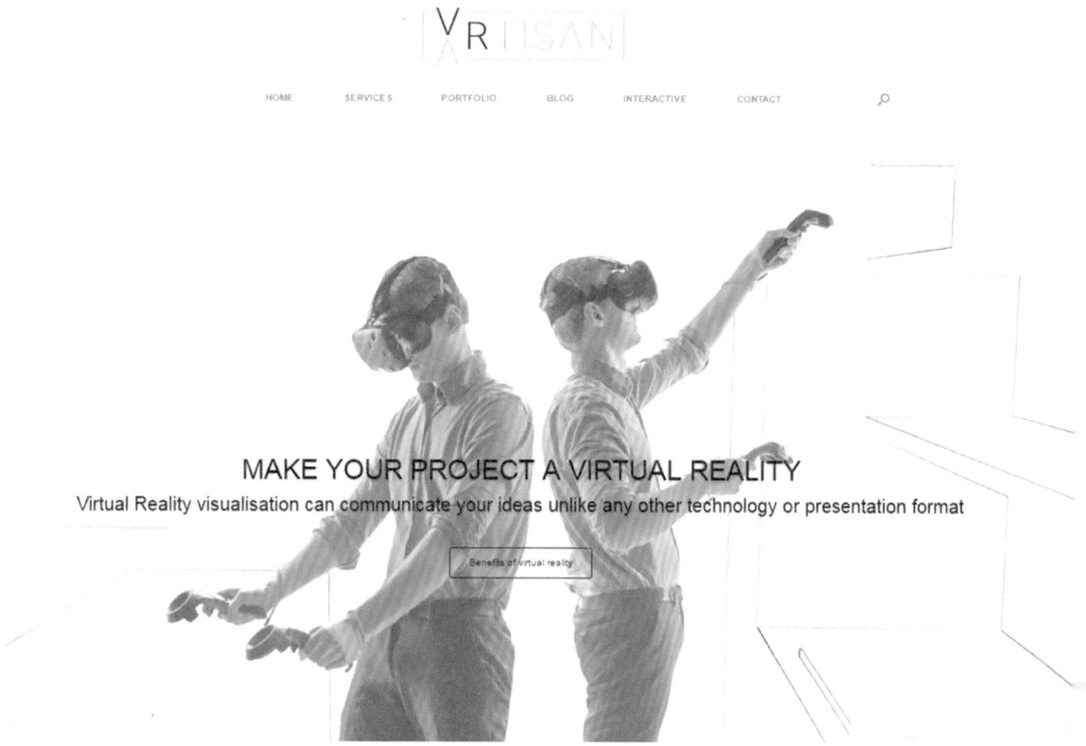

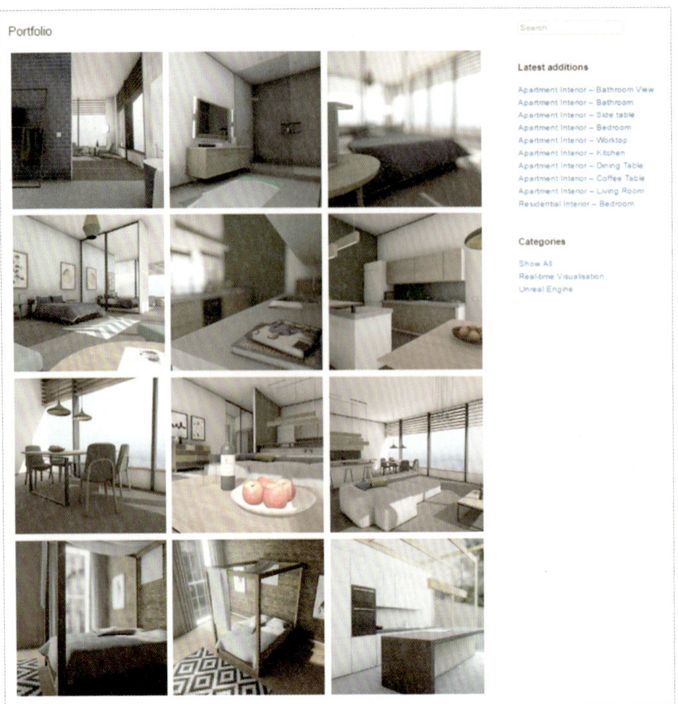

출처 www.vrtisan.co.uk

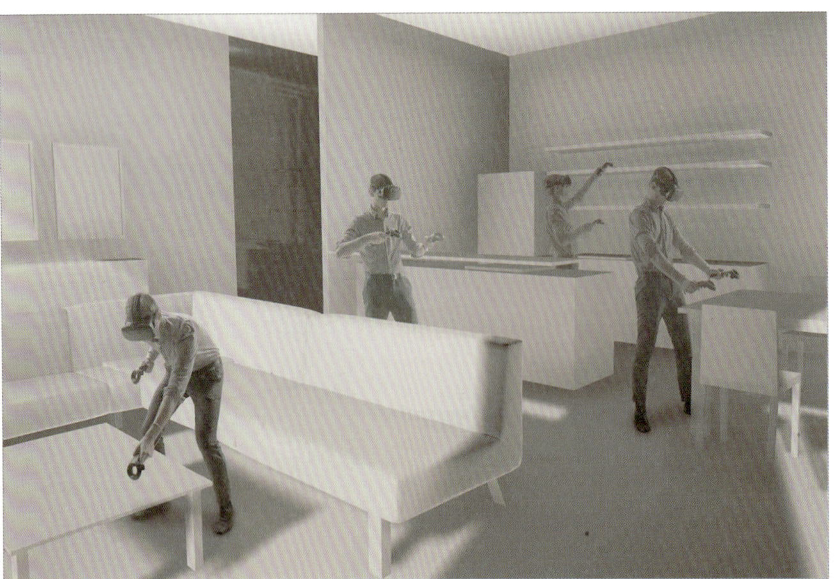

■ 얀트램 스튜디오(Yantram Studio)

3D 건축설계를 전문으로 하는 기업입니다. 3D 아키텍처, 영화 및 게임 캐릭터 모델링 및 애니메이션, 360도 파노라마 투어 및 제품 모델링, 애니메이션까지 서비스합니다.

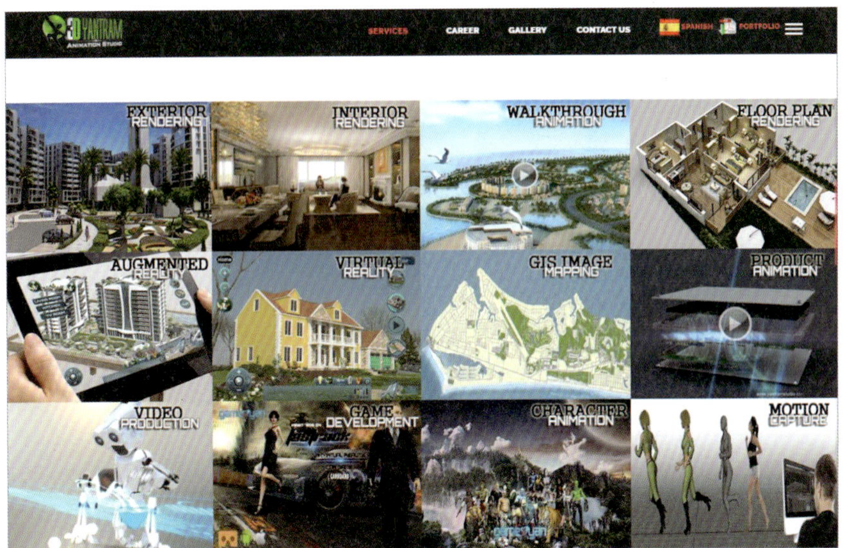

출처 www.yantramstudio.com

저자의 트렌드 평

VR기술로 제작된 건축 관련 콘텐츠는 향후 엔터테인먼트와 결합될 가능성이 높습니다. 특히 게임이나 쇼핑, 교육으로까지 무궁무진하게 확산될 수 있습니다. VR게임을 예로 들어보겠습니다. 게임 캐릭터가 배제된 배경만 놓고 보면, 건축과 크게 다르지 않습니다. 게임 캐릭터가 입고 있는 의상을 구입할 수도 있고, 배경이 되는 백화점 건물에 입장해 직접 쇼핑도 가능해 질 수 있습니다. 교육은 어떨까요? 간접 경험에서 얻는 학습효과와 가상현실에서의 가상 체험을 통해 얻어지는 학습효과 또한 크게 다르지 않다고 생각합니다. VR건축 기술이 가진 무한한 가능성에 더 많은 관심을 기울여야 할 때입니다.

미래 가능 콘텐츠

■ VR건축 콘텐츠 + 지도 서비스 + AR

운전 중 도로를 지나다 보면 공사 중인 장소를 볼 수 있습니다. 어떤 건물이 들어서고, 어떤 시설이 들어올까 궁금할 때가 많습니다. 해당 지역을 검색한 후 VR기기로 확인할 수 있다면 어떨까요? 이럴 때 공사 현장을 지나는 도중에 스마트폰을 들어 AR로 제공되는 완공된 모습을 미리 확인할 수 있습니다. 따라서 공사 현장 주변 공인중개사무실에 VR기기가 필요할 듯 합니다.

이미지 소통에서 그래픽 소통으로

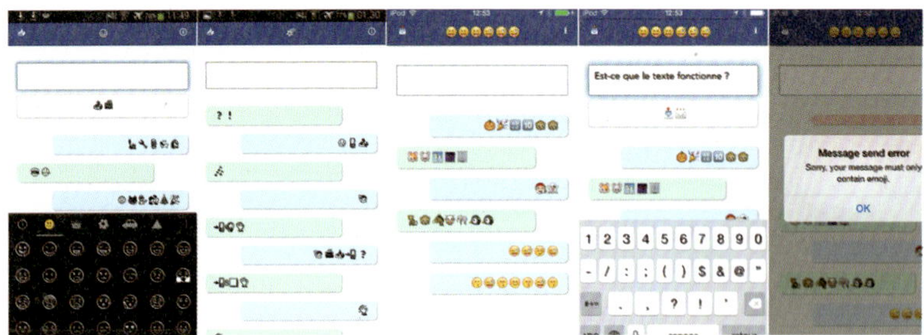

'이모지(Emoji)'라고 하는 앱이 있습니다. 텍스트나 이미지, 영상 없이 오로지 이모티콘 만을 사용해 대화하는 앱 입니다. 예를 들어 '커피 마시러 나갈까?'라는 메시지 대신 커피와 열린문 이모티콘을 보내는 식입니다. 이모티콘이 대화의 흐름을 재미있게 꾸며주는 역할에서 대화의 주체가 되는 것이지요.

건축에 사용된 VR기술은 어쩌면 그래픽으로 소통하는 중요한 매개체가 되지 않을까 하는 생각을 갖게 합니다. 건축 설계 계획을 일일이 말로 설명하지 않고, 가상의 완공된 모습으로 직접 확인시켜줄 수 있으니까요. 설계자와 의뢰자 간의 의견이 가상그래픽 결과물로 완성됨으로 해서 원활한 비즈니스를 이어갈 수 있다는 건, 시간적 공간적 비용절감을 의미하기도 합니다. 사물인터넷과 인공지능 연구가 가장 활발하게 이루어지는 분야도 인간의 거주하는 집, 그리고 미래의 건축입니다. 기술적인 소통이 필요한 때가 있고, 인간적인 소통이 필요한 때가 있습니다. 앞으로의 기술은 이 둘의 경계선상에서 적절한 타협의 소통을 제시해 줄 것으로 기대해봅니다.

“

VR기술이 야생의 모습을 생동감 있게 전
달한다고 생각될 수 있지만, 이는 일부분만
해당되는 얘기입니다. 야생의 소리를 보다
생생하게 전달함으로써 VR기술은 비로소
완성되는 것입니다.

”

VR여행
심해, 야생초원, 정글, 우주로의 실시간 투어

2-9

살아가면서 얼마나 많은 나라를 여행할 수 있을까요? 평생 비행기를 타보지 않은 사람도 있을 것이고, 늘 익숙한 여행지만 찾게 되는 사람들도 있을 거라 생각합니다. VR이 가진 여러 가지 장점 중 하나가 바로 여행의 경험을 선사하는 것입니다. 비행기를 타보지 않은 사람에게 비행기 체험을 하게 하고, 원하는 나라를 선택하면 실시간 360도 카메라가 설치된 관광지에서 간접 체험이 가능하게 합니다. 혼자서는 갈 수 없는 정글이나 야생초원, 바다 속 깊은 곳, 그리고 우주여행까지 VR에서는 모두 가능합니다.

디스커버리 VR(discovery VR)

The Fight to Save Threatened Species (360 Video)
출처 Discovery, https://youtu.be/T-aOVE22lEw?list=PLgCMZyPX1-4qHNvHBlRsev5eG2_YzuZA_

세계적인 다큐멘터리 전문채널 디스커버리에서 제공하는 야생 동물 VR서비스는 그야말로 동물원과 수족관에서 경험하지 못한 특별한 무언가를 선사합니다. 기린이나 코뿔소, 코끼리, 사자와 같이 가까이 다가갈 수 없었던 동물들을 바로 눈 앞에서 경험할 수 있고, 사육사가 전해주는 음식이 아닌 자연에서 직접 찾아 먹는 모습까지 연출되지 않는 야생 그대로의 모습을 경험할 수 있습니다. 또한 동물들의 울음소리와 먹을 때 씹는 소리, 이동할 때 발생하는 발걸음 소리까지 직접 들을 수 있다는 점에서 굉장한 감동을 느끼게 됩니다.

스위스 알프스 여행

360° walk | ((Trift)) suspension bridge | Swiss Alps
출처 Blick, https://youtu.be/KTl2Z2jiX_c

VR헤드셋을 착용하고 스위스 알프스 산맥을 여행할 수 있습니다.

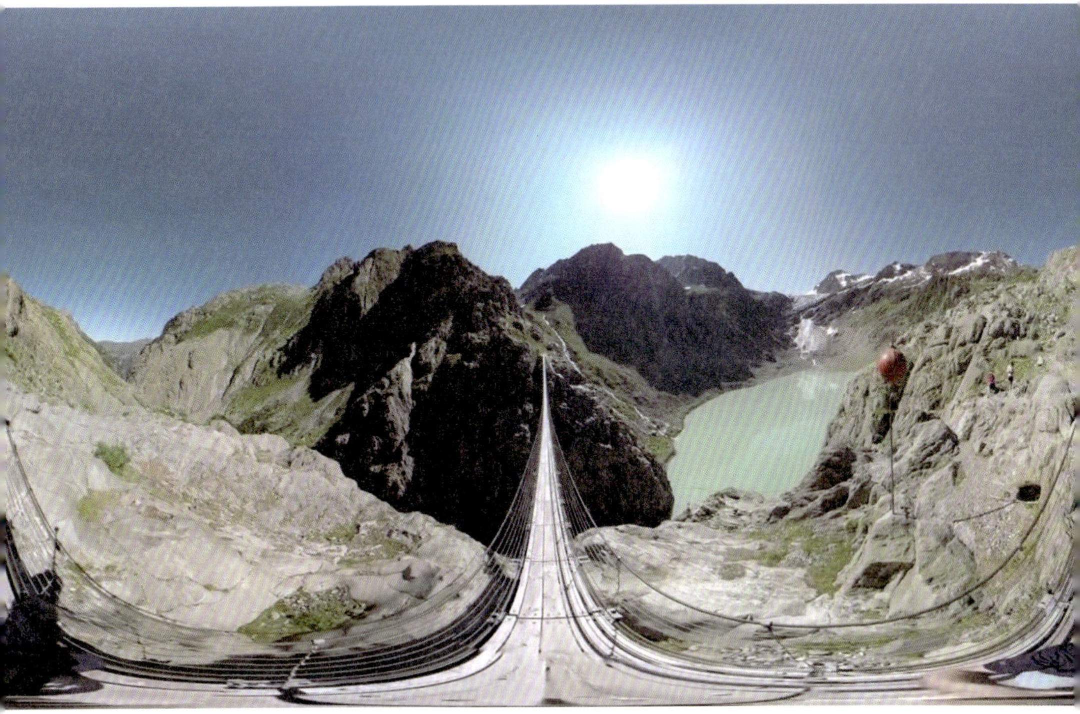

구글 스트리트뷰 앱

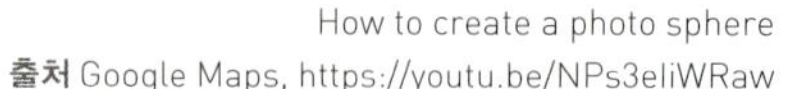

여행을 계획하고 있다면, 구글 스트리트뷰에서 사전 답사를 다녀올 수 있습니다. 또한 전 세계 명소를 탐험할 수도 있고, 멋진 자연과 박물관, 경기장, 식당, 대형 건물의 내부까지 확인할 수 있습니다. 만약, 원하는 장소에 관련된 사진이 없다면, '구글 스트리트뷰 앱'을 열어 360도 파노라마 사진을 직접 만들어 스트리트뷰에 자신의 경험까지 담아 업로드 할 수도 있습니다. 그렇게 되면 다른 여행객들이 당신의 사진을 보고 여행준비에 도움을 받을 수 있겠죠. 360도 카메라 촬영방법은 QR 코드 영상을 통해 확인할 수 있습니다.

출처 Google inc

저자의 트렌드 평

■ 실시간 이동형 360도 카메라가 가져올 변화

실시간 고정형 360도 카메라에서 이동형 360도 카메라 기술의 발달이 가져올 변화에 대비해야 합니다. 현재 360도 카메라가 장착된 드론까지 개발되었지만, 사람과 물체가 아닌 야생 동물 가까이까지 접근할 수 있을 만큼의 기술 개발이 이뤄지지는 않았습니다. 그렇게 된다면 파생될 수 있는 수익사업은 매우 넓어질 것으로 예상됩니다.

■ 월정액제 고화질 실시간 VR서비스

넷플릭스(세계 최대 스트리밍 유료 동영상 서비스 기업)가 실시간 야생 VR서비스를 제공하게 된다면 어떨까요? 월정액만 지불하면 고화질의 코끼리 똥 싸는 모습과 물웅덩이에서 샤워하는 모습을 실시간으로 관찰할 수 있을 것입니다. 유튜브 역시 저화질의 무료 서비스와 고화질의 유료 서비스를 제공하면서 자체 지도 서비스와 결합해 질 좋은 콘텐츠를 제공할 수 있습니다(이미 유튜브는 4K 영상 서비스를 제공하고 있습니다).

■ 여행하며 운동? 운동하며 여행한다

모니터 대신 VR헤드셋을 쓰고 런닝머신을 달리며 운동하는 모습을 상상해봅니다. 마이애미 해변을 선택하면 모래사장을 뛰는 모드로 바뀌면서 눈앞에 드넓은 바다가 펼쳐집니다. 원하는 지역만 선택하면 매일매일 다른 지역을 여행하면서 운동할 수 있습니다.

미래 가능 콘텐츠

■ 360도 카메라가 손가락만큼 작아진다면?

레고 장난감에 초소형 미니 360도 카메라가 사용된다면, 당신은 취미에서 감독/제작자가 될 수 있습니다. 세심한 손 기술로 미니어처를 만드는 사람들은 매력적인 1인 콘텐츠 창작자가 될 수 있습니다. 벌집과 개미집, 새집 등을 관찰하는 건 어떨까요? 당신의 상상이 곧 현실화 됩니다.

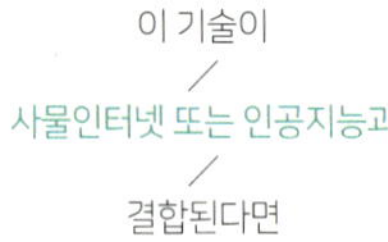

공유여행, 새로운 여행 카테고리의 등장

공유경제의 대표주자 '우버(Uber)'의 기업가치는 680억 달러에 달합니다.(삼성:379억 달러) 그들은 우버택시, 우버이츠, 우버프레쉬, 우버풀, 우버러시, 우버코너스토어, 우버홉, 우버트럭, 기타 등등의 다양한 서비스를 제공합니다. 놀라운 것은 그 어떤 것도 직접 소유하고 있지 않다는 사실입니다. 바로 연결의 가치를 창출하는 것이지요. 그 연장선상에 준비중인 '우버트래블' 여행 서비스가 있습니다. 항공+숙박+교통+식사+관광 등 여행에 필요한 모든 과정을 공유 시스템으로 접근하는 것입니다. 심지어 헬기와 수상보트까지.

여행 전, 구글 어스 VR로 사전탐사를 다녀왔다면, 진짜 여행은 패키지여행 또는 자유여행, 그리고 공유여행 중 선택할 수 있을 것으로 기대해봅니다. 더 저렴하고, 더 편리한 연결의 가치 기술을 활용해서 말이지요.

VR자전거 타고 구글 스트리트뷰에서 영국 여행하기

실내용 자전거에 블루투스로 연동되는 케이던스 센서(자전거 페달링을 감지하는 센서)를 부착합니다. 기어VR을 착용 후 구글 스트리트뷰에서 영국에 위치합니다. 이제 자전거를 타고 페달을 밝으며 여행하듯 운동을 즐깁니다. 내일은 뉴욕, 모레는 로마를 여행할 수도 있습니다. Aaron Puzey라는 인물이 실제로 진행한 프로젝트입니다. 헬스분야 사물인터넷의 매우 좋은 사례가 아닌가 생각됩니다.

4차 산업혁명시대,

화폐와 가장 가까운 것은 바로 '정보'입니다.

VR
AR
AUGMENTED REALITY
MR

AR 비즈니스 트렌드

지금의 현실이 전부가 아닐 수 있다

자동차를 구매했는데, AR고글이 함께 제공됩니다. 스마트폰을 구매했는데, AR고글이 함께 제공됩니다. 또한, 마트와 박물관에 입장했더니 AR고글을 나눠줍니다. 운전자에게 AR고글은 길 안내를 하고, 교통상황을 수시로 띄워 보여줍니다. 마트에선 진열된 상품들의 정보와 사용법이 띄워지고, 포장지에 인쇄된 캐릭터와 그림이 쇼핑객의 시선을 끌어당깁니다. 동시에 카트에 상품이 담길 때마다 구매내역과 총비용이 수시로 보여집니다. 편의점 도시락에 동봉된 젓가락처럼 AR기술은 생활 곳곳에서 아주 유용하게 쓰여질 것으로 보여집니다.

영화를 제작하는 100가지 기술이 있다면,
영화를 즐기는 100가지 기술도 존재한다고
생각합니다. AR기술이 영화를 즐기는 101
번째 기술이 될 것입니다.

AR시네마
영화 속 감성을 현실에서 만나다

3-1

비행기에 몸을 실어 영국으로 향합니다. 역사적 가치가 높은 여행지는 애초 계획에 포함되지도 않았습니다. 영화 노팅힐의 주인공 휴그랜트와 줄리아로버츠의 운명적인 첫만남이 이루어졌던 바로 그 장소, 해리포터의 등장인물 론위즐리가 벽 속에 몰래 친구를 숨겼던 그 장소, 많은 사람들이 기억하는 영화 속 그 장면의 그 장소를 방문하는 것이 영국행 비행기에 몸을 실은 이유입니다.

AR시네마 투어

Augmented Reality Cinema

출처 whenjusthappened100, https://youtu.be/R6c1STmvNJc

남녀 커플은 영화 속 배경이 되었던 그 장소를 찾아갑니다. 이어폰을 나눠 들던 커플은 문득 스마트폰을 특정한 장소를 향해 들어 올립니다. 곧이어 버스에서 주인공 휴그랜트가 등장하고 하차 후, 길 건너 반대편을 향해 뛰어 갑니다.

철문으로 굳게 닫혀있던 모퉁이 가게는 그윽한 커피 향을 풍기는 카페로 바뀌었지만, 폰 안에 담긴 휴그랜트와 줄리아로버츠는 우연히 철문 앞을 지나며 운명적인 첫 만남을 갖습니다.

노팅힐 AR시네마 관람을 마치고, 이어서 해리포터의 배경이 되었던 가까운 장소로 향합니다. 주변을 살피던 영화 속 등장인물 론위즐리가 쓰러진 친구를 건물 벽속으로 몰래 숨기는 장면이 재생됩니다. 이 장면은 나만 몰래 훔쳐보는 듯한 느낌을 갖게 합니다.

그렇게 커플은 영화 속 배경이 되었던 여러 장소들을 찾아다니며 그들만의 새로운여행 방식을 즐깁니다.

＿＿＿＿ AR시네마 콘텐츠는 단지 영상으로만 존재하는 것으로 알려져 있습니다. 일종의 홍보영상이였던 셈이지요. 의뢰사와 감독, 촬영감독, 런닝타임, 제작일 등의 기록이 이를 말해줍니다.

• Client: Halocline • Director: Ben Stevenson • DOP: Claire Pepper • Runtime: 3mins • Year: 2011

저자의 트렌드 평

인간에게 여행은 스토리가 있는 장소를 찾아가는 것부터 시작됩니다. 스토리를 찾아가는 과정에서 식당에 들러 그들 방식의 식문화를 즐기고, 생활을 체험하기도 합니다. AR시네마 콘텐츠는 그래왔던 여행 방식에 다양하면서 신선한 즐거움을 선사합니다. 어쩌면 한국은 AR시네마에 최적화된 장소라고 생각합니다. 다양한 엔터테인먼트 콘텐츠를 보유했고, 빠르고 저렴하며 편리한 교통 인프라에 5G통신망까지 갖추었기 때문입니다. 제주도를 배경으로 AR시네마 여행코스를 계획한다면, 4박5일도 부족할지 모릅니다. 실제로 필자가 한국형 AR시네마를 기획단계까지 준비해본 결과 저작권 문제와 수익구조, 그리고 기술적인 부분에 있어서 어려움이 많았습니다. 아직 보류 상태이며 좋은 파트너를 찾게 되면 다시 시도해볼 생각입니다.

미래 가능 콘텐츠

■ AR여행 방문 스탬프

시설물을 해치지 않으면서 AR 속에서만 확인이 가능한 자신만의 방문 스탬프 혹은 사진, 글, 편지 등을 남길 수 있도록 하는 'AR여행 방문 스탬프'의 개발을 적극 권장합니다. 다른 여행객과 공유할 수 있고, 원치 않는다면 비공개로도 가능하게끔 말이지요. 자신이 찾았던 장소에 유명 연예인의 AR스탬프가 게시되어 있다면, 한번쯤은 터치하지 않을까요? 물론 광고성 AR스탬프도 여기저기 게시되어 있을 것입니다. 그래야 무료 AR스탬프 앱을 사용할 수 있으니까요.

여행을 위한 처음 인공지능, 구글 트립스

가이드가 있다면, 처음 방문한 여행지가 그렇게 낯설지만은 않을 것입니다. 여행객들이 선호하는 장소, 음식, 기념품, 체험 등의 서비스를 직접 제공하니까요. 그런 가이드의 역할을 인공지능으로 대체한다면 어떨까요?

구글은 여행에 특화된 앱을 선보였습니다. 바로 '구글 트립스(Google Trips)'입니다. 오프라인에서도 거의 모든 기능이 작동할 수 있도록 개발되었습니다. 사전 예약된 항공, 호텔, 차량, 레스토랑 등의 바우처를 지메일로 받게 되면 자동으로 앱과 연동이 가능하고, 구글 사용자들의 여행정보를 분석해 관광하기 좋은 코스까지 추천합니다. 날씨가 흐리거나 추우면, 실내 관광이 가능한 코스로 추천하고, 해당 장소의 영업시간까지 고려하여 꾸준히 정보를 제공합니다. 여기에 추천한 장소까지 이동할 수 있는 교통수단에 대한 정보와 지도 내비게이션을 통한 안내까지 받을 수 있습니다. 영화 촬영지에 대한 여행일정을 계획했다면, 구글 트립스가 그 여행의 첫 인공지능이 되어 줄 것으로 기대해 봅니다.

> 다양함은 행복한 선택의 고민을 갖게 합니
> 다. 교육에 활용되는 AR기술이 그 '다양함'
> 을 선사할 것입니다.

AR교육
동화책과 영상의 경계에서 새로운 재미를 발견하다

재미있게 학습하면 좋다는 사실은 누구나 알고 있지만, 생각만큼 쉽게 되는 것이 아니라는 사실도 알고 있을 거라 생각합니다. 여러 가지 방법이 있 겠지만, 이미 익숙해진 스마트기기를 활용해 재미있게 학습할 수 있다면 어떨까요? 몇 가지 사례를 소개합니다.

색칠과 동시에 3D 입체그림으로 보여주는 디즈니의 AR기술

Live Texturing of Augmented Reality Characters from Colored Drawings
출처 DisneyResearchHub, https://youtu.be/SWzurBQ81CM

흔한 색칠그림인데 스마트기기를 가져다 대고 보면 마치 그림이 살아 움직이는 것처 럼 3D 입체그림으로 보여집니다. 어린이들을 위한 엔터테인먼트 기술을 연구하는 디즈니 리서치가 선보인 AR기술 '라이브 텍스처링'입니다. 이번 기술의 핵심은 크레 용이나 색연필로 그림책에 색칠하면 특유의 질감까지 그대로 표현해준다는 점입니 다. 또한 캐릭터의 뒷부분까지 자연스럽게 완성된다는 점과 색칠과 동시에 실시간으 로 확인할 수 있다는 점에서 기존 기술과의 확실한 차이를 보여줍니다.

관련 정보: 유니티 엔진 사용, 전용 그림책 필요, 상품 출시 미정

AR기술과 캐릭터 인형이 만나 대화형 스토리로 완성되다

퀄컴(Qualcomm)과 세서미스트리트(Sesamestreet)의 공동 연구로 매우 매력적인 어린이 교육용 AR콘텐츠가 탄생했습니다. 캐릭터 인형을 AR받침대에 올리면 움직이면서 대화를 하고 티비 미니어처를 올리면 티비도 시청할 수도 있습니다. 주크박스 미니어처를 올리면 음악과 함께 화려한 사이키 조명이 등장하면서 마치 노래방 느낌까지 들게 합니다. 받침대는 방, 거실, 욕실과 같은 공간을 제공하고, 여기에 세서미스트리트에 등장하는 캐릭터와 티비, 주크박스, 자동차, 변기, 욕조와 같은 미니어처도 제공됩니다.

관련 정보: 퀄컴의 AR브랜드 '뷰포리아Vofora'　　　　　출처 http://blog.triggerglobal.com/

2D와 3D로 동시에 학습

Popar Augmented Reality Children's Books
출처 FullyBookedVideo, https://youtu.be/hlqQ7igjjek

어린이 안전과 기초 과학기술, 자연과 동물에 관련된 콘텐츠가 AR기술과 만나 매우 유용하게 활용되고 있습니다.

AR블록 '코스키(KOSKI)'

나무블록을 이용한 교육 겸 놀이용 AR보드게임입니다. 창의력 개발에 매우 유용할 것으로 보여집니다. 미출시 상품이며 필자가 딸에게 선물해주고 싶은 제품 중 하나입니다.

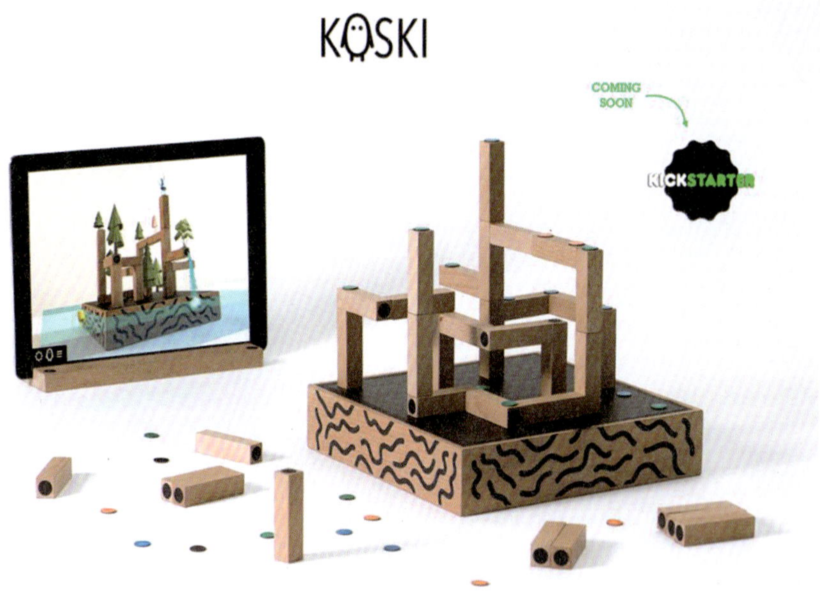

출처 https://www.koskigame.com/

GeForce 기반 증강현실 샌드박스

UC데이비스 대학 연구원들에 의해 개발된 AR샌드박스는 지형학을 연구하는 UCLA 학생들을 위해 개발되었습니다. 모래를 다루면서 지형을 재창조하는 실습이 가능하다고 합니다.

출처 NVIDIA Korea, https://youtu.be/fSS7Q7RI2QQ

몽블랑 AR페이퍼

손으로 쓴 메모를 디지털 텍스트로 변환하고 몽블랑 허브 앱으로 편집할 수 있습니다. 스마트폰이나 태블릿기기에서 편집, 저장, 정리가 가능하며 이메일로 파일을 공유, 클라우드에 저장까지 가능합니다.

출처 Montblanc

현실정보와 가상정보의 혼합 비율

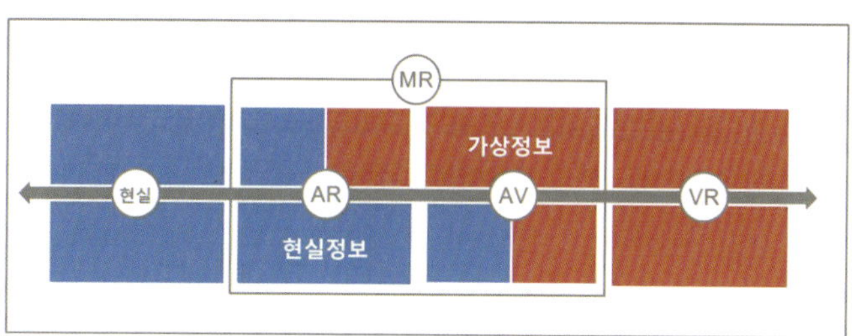

AR : Augmented Reality

AV : Augmented Virtuality

MR : Mixed Reality

VR : Virtual Reality

저자의 트렌드 평 ___________

그림 잘 그리는 사람들이 디즈니의 '라이브 텍스처링' AR기술을 사용해 동영상 콘텐츠를 제작한다면 어떨까요? 미술학원이나 방문학습지에선 스마트 미술 혹은 AR미술 특화 과정을 개발하여 추가 수익을 기대할 수도 있을 것입니다. 교육과 관련된 분야에 종사한다면, AR기술을 활용한 과정개발에 한 발 앞서 대비해야 하고, 이후 프로모션 기획과 마케팅에 어떻게 활용하면 좋을지 미리 생각해둔다면 유리한 위치에서 경쟁할 수 있을 것으로 생각됩니다.

미래 가능 콘텐츠 ___________

■ AR메뉴판

레스토랑 테이블에 메뉴가 담긴 AR받침대가 등장하고 한 켠에 요리사의 캐릭터 인형과 주방도구 미니어처가 함께 배치되어 있다면 어떨까요? 주문 고객은 스마트폰을 통해 메뉴를 확인하고, 요리사의 메뉴 설명과 주방도구를 활용한 조리과정을 확인할 수 있습니다. 술집에서는 어떨까요? 테이블에 소주, 맥주 회사에서 제공하는 프로모션용 AR받침대와 AR소주, 맥주 미니어처 그리고 연예인 모델의 인형이 배치되어 있을 것입니다. 대리운전 회사에서 제공하는 자동차 미니어처와 담배 관련 AR미니어처까지 AR메뉴판은 그 활용범위가 매우 넓을 것으로 예상됩니다.

■ AR기술이 결합된 복합형 3D 프린터

AR기술이 결합된 복합형 3D 프린터가 개발된다면 학생과 일반인, 마케팅 관련 종사자들에게 매우 유용한 장비가 될 것으로 예상됩니다.

■ AR용 스마트 거울, 유리창, 스마트 책상의 등장

온라인 연결이 가능한 거울과 유리창, 스마트 책상이 등장한다면, 스마트폰과 스마트패드에서 느끼는 화면 크기의 불편함을 어느 정도 해소해줄 수 있을 듯 합니다. 물론, AR글래스를 착용할 수도 있겠지만 이마저도 장시간 사용하면 불편할 수 있습니다. 스마트 책상의 경우, 플렉서블 디스플레이와 카메라가 결합된다면 가능할 수 있습니다.

1600, 1달러 지폐 AR앱

'1600' 앱을 열고, 스마트폰 카메라로 1달러 지폐를 비추면 백악관이 나타납니다. 백악관이 공식 출시한 '1600' 앱은 백악관이 위치한 펜실베니아 1600번가를 의미합니다. 로우 폴리곤 그래픽으로 만들어진 백악관은 지폐나 스마트폰을 움직여 360도 주위를 둘러 볼 수 있고, 가까이 또는 멀리서 볼 수 있습니다. 백악관의 사계절과 스토리를 1달러 지폐 위 증강현실로 확인할 수 있는 것이지요. 1달러 지폐가 없다면, 인터넷 검색으로 이미지만 노출되어도 가능합니다.

여기서 주목할 점은 바로 인터넷 검색 결과 이미지에만 가져다 대도 증강현실이 가능하다는 사실입니다. 예를 들어 인터넷 쇼핑몰에서 물건을 구매하는 것이 아니라 이미지 검색을 통해 확인된 상품이미지 만으로도 쇼핑이 가능해질 수 있습니다. 늘 사용해왔던 익숙한 상품이라면 단순 이미지 검색만으로 가격비교를 통해 원하는 쇼핑몰을 선택한 후 구매할 수 있기 때문입니다. 또한 언론사의 경우, 기사와 관련된 이미지 검색으로 증강현실 기술을 활용해 기사 내용을 확인할 수도 있습니다. 그 밖에도 맛집으로 알려진 식당 간판의 이미지만으로도 길 안내가 가능할 수도 있습니다.

이처럼 증강현실 기술이 사물인터넷과 결합하게 되면 쇼핑의 기술이 놀랍도록 발전할 수 있고, 마케팅의 기술 또한 크게 향상될 수 있습니다.

■ 세계 최초 AR스마트폰, 팹2프로(Phab 2 Pro)

Phab 2 Pro는 세계 최초로 Google의 신기술인 Tango를 탑재하여 증강현실(AR) 게임과 도구를 활용할 수 있는 스마트폰입니다. 방법은 간단합니다. Phab 2 Pro를 보기만 하면 물품과 정보를 실제 세계에 투영해서 볼 수 있습니다.

스마트폰만으로 물품 치수를 재거나 새 테이블, 소파와 같은 가구를 시각화하여 집에 어울리는지 확인할 수 있고 가상 애완동물과도 놀아 줄 수 있습니다. Phab 2 Pro는 언제 어디서나 흥미진진함을 선사해 드릴 것입니다.

이미지 및 내용 출처 http://shopap.lenovo.com/kr/ko/tango/

비디오의 미래는 모바일이고,

모바일의 미래는 비디오입니다.

MINI AUGMENTED

VISION

> 자동차 계기판에 무언가가 계속 깜빡인다.
> 뭔가 잘못된 게 분명하다. 그런데 도통 뭔
> 지 모르겠다. 어떤 검색어를 입력해야 하는
> 지도 모르겠다. AR앱, AR고글을 착용했더
> 니 타이어 공기압이 부족하다는 표시란다.

AR BMW
도로 위를 달리는 스마트폰

필자가 트렌드를 파악할 때 가장 먼저 기준으로 삼는 것이 스마트폰과 자동차, 그리고 냉장고입니다. 이 셋의 IT 기술만 꼼꼼하게 체크해도 큰 도움이 됩니다. 특히 자동차의 경우는 가장 가까이에서 접할 수 있는 IT 기술의 집합체라고 말할 수 있습니다. 이번 주제가 AR기술인만큼 BMW의 AR기술 몇 가지를 소개하고자 합니다.

운전자를 위한 AR글래스

BMW Mini Demos Augmented Reality Glasses for Drivers
출처 Hi-Tech, https://youtu.be/xfvLpyHDAx4

스마트폰에 충전기와 이어폰이 기본 옵션으로 제공되듯이 이제 자동차와 전용 AR글래스가 기본 옵션으로 제공될 듯 합니다. 물론 사용설명서는 제공되지 않습니다. AR글래스가 다 보여줄 수 있으니까요. 자동차를 타고 이동하는 과정에서 겪게 되는 모든 상황을 과거의 데이터와 결합하여 최적의 조건을 제시할 것입니다.

MINI AUGMENTED
VISION

SORRY
SOLD OUT.
MUSIC FESTIVAL
Barcelona Fórum - Plaça Levant
MUSIC FESTIVAL
MAY 15
7:00PM

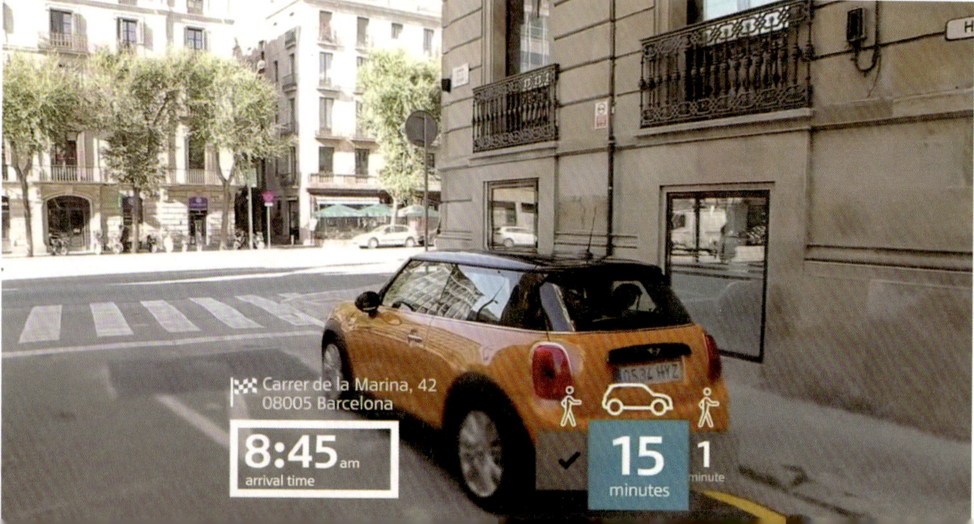

Carrer de la Marina, 42
08005 Barcelona
8:45 am
arrival time
15
minutes
1
minute

DELICIOUS
SANDWICHES
PLAZA NUEVA 12
BAR MENDIZABAL
Want to go there?
PRESS
TO SELECT AS
DESTINATION
BAR MENDIZABAL
Plaza Nueva 12 -14 - 08002 Barcelona

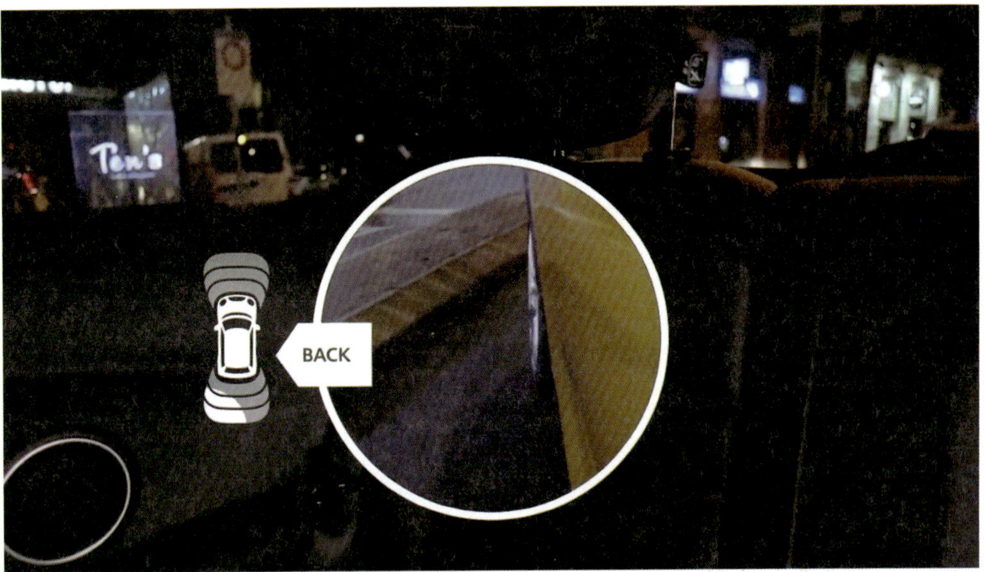
Ten's
BACK

Bar Mendizabal
PLAZA NUEVA 12-14

엔지니어를 위한 AR글래스

AR글래스만 착용하면 에어컨 필터를 교환한다던가 타이어 상태 확인/교환, 그리고 엔진 오일 상태 등 기본적인 체크사항들은 운전자 혼자서 척척 소화할 수 있을 것으로 생각합니다. 사실, 우리나라는 보험사에 연락하는 것이 더 편할 수도 있습니다.

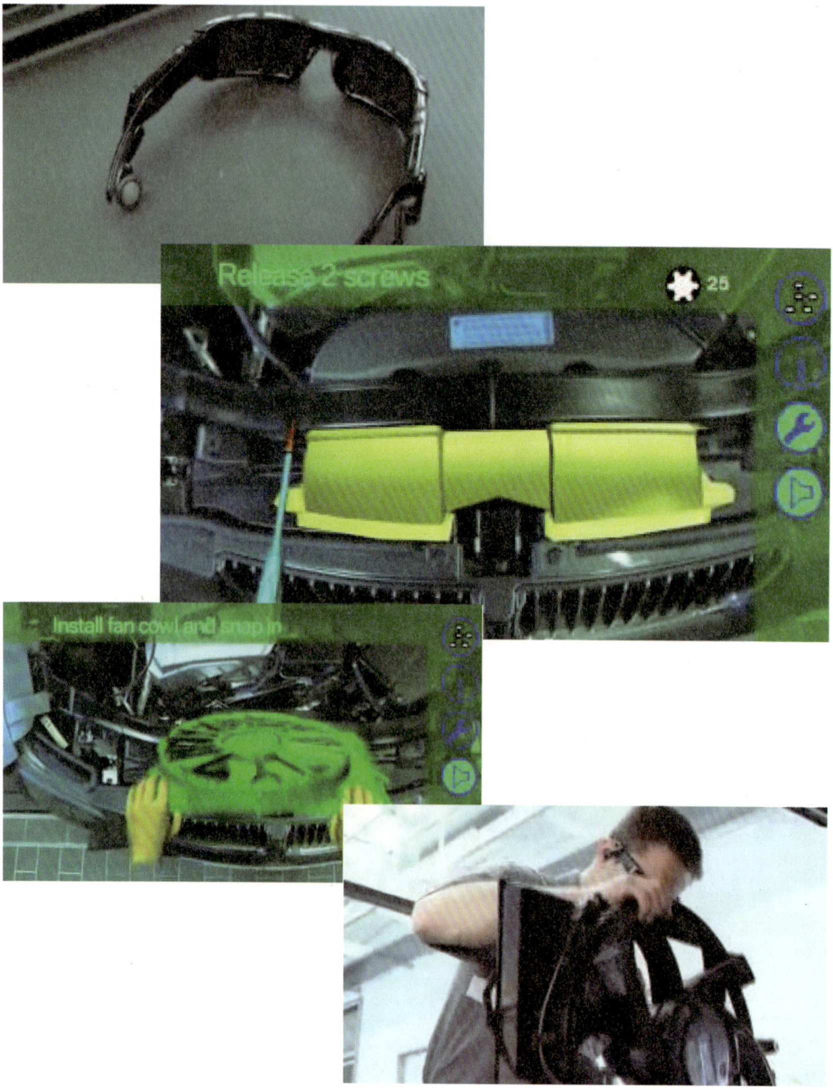

AR BMW i8

BMW i8 AR
출처 Very interesting G, https://youtu.be/5FRlpiF32BU

AR기술 중 가장 보편적으로 활용되는 분야가 아닐까 생각됩니다. 소비자 입장에서는 별도 비용 없이 어렵지 않게 접할 수 있지만 기업 입장에서는 일반 카탈로그 대비 효과적인 측면에서는 거리감이 있어 보입니다. 비용과 시간이 많이 소요되기 때문입니다.

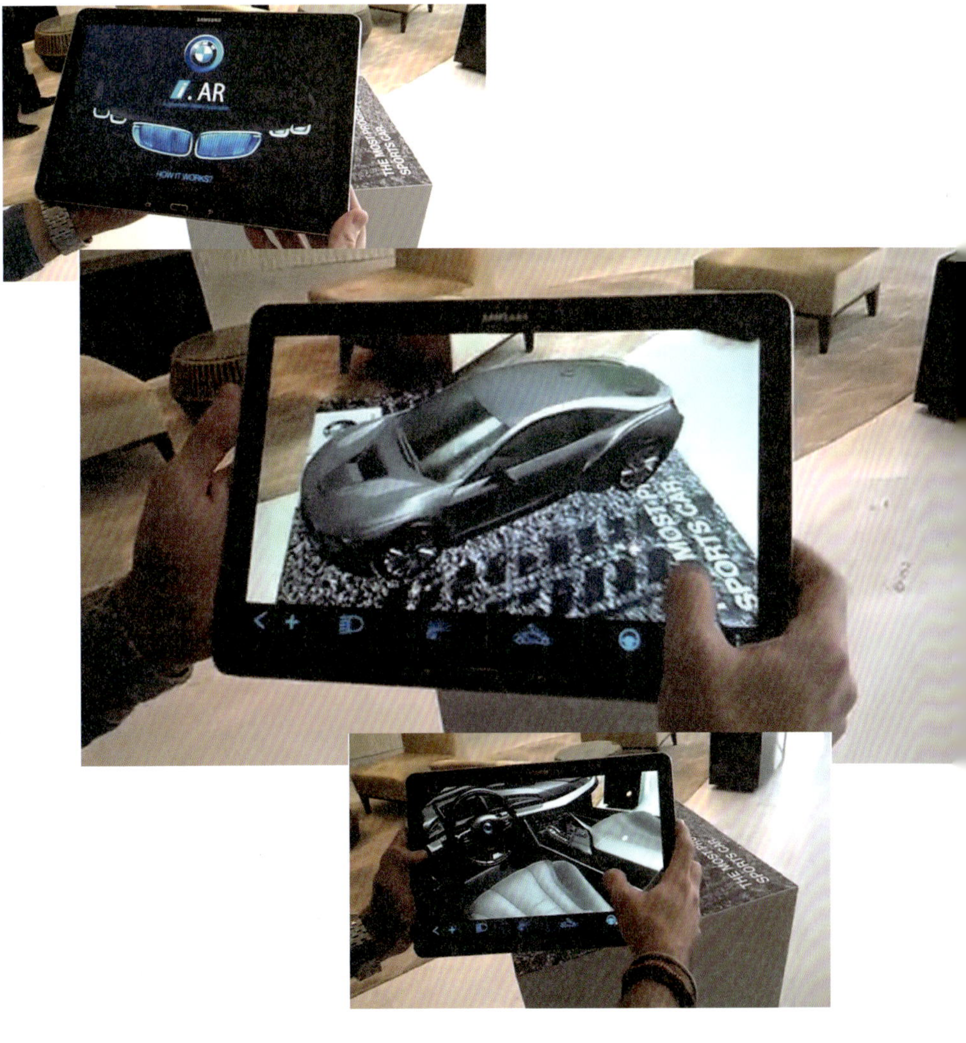

AR BMW 헤드업 디스플레이 헬멧

Head-Up Display Helmet
출처 BMW Motorrad, https://youtu.be/Vkhp8Z1lloQ

몇 년 전만 하더라도 자동차 전면 유리에 장착되었던 기술이 오토바이 헬멧으로까지 옮겨왔습니다. 퀵 오토바이 기사님들 이제 핸들에 3~4대씩 장비 설치할 필요 없이 헬멧에 휴대전화 끼고 통화하면, 위험하게 운전하는 일이 많이 줄어들지 않을까 생각해봅니다. 물론 비용부담이 되겠지만, 안전과 편의사양을 동시에 누릴 수 있을 것으로 기대합니다.

FUEL LEVEL   OK
ROAD WORK IN 6 MILES
GARAGE
JOHN
SPEED LIMIT 30
30 MPH   4
ACTION CAMERA RECORDING
31 MPH   4
ROAD WORK AHEAD
35 MPH   2 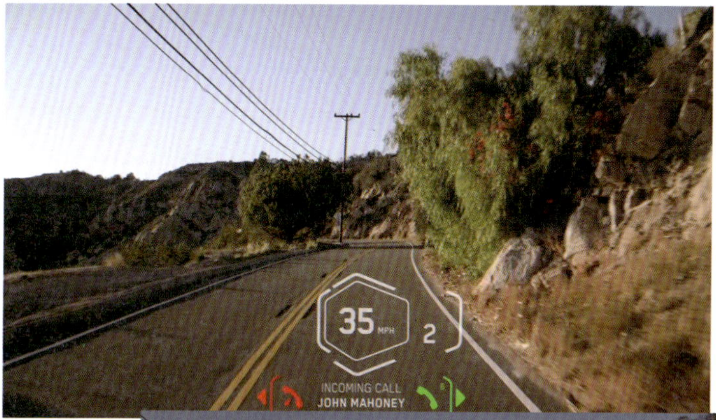
INCOMING CALL JOHN MAHONEY
44 MPH   4 
10 MI 9 MIN
ME
JOHN

저자의 트렌드 평

■ 차량용 블랙박스 대신 초소형 360도 카메라 장착에 대비한다.

블랙박스 대신 초소형 360도 카메라가 자동차에 장착된다면 어떤 변화가 생길까요? 먼저 카메라에는 메모리 카드가 사라질 것으로 예상됩니다. 데이터 전송속도가 빨라져 클라우드에 실시간으로 저장이 가능하니까요. 또한 자동차 전면, 후면, 좌우 유리창이 디스플레이 역할을 대신 할 수 있습니다. 그렇게 되면 좌우 사이드 미러(Side Mirror)도 사라지지 않을까요. 버스 회사들은 실시간 도로상황 데이터를 제공함으로써 추가 수익을 기대할 수 있습니다. 그렇게 되면 지도에 표시된 이동 중인 버스를 클릭하고 실시간 주변 상황까지 확인할 수 있습니다.

■ 교통통제시스템에 AR기술이 접목된다면?

신호대기 중인 차량 시야에 AR신호대기 시간이 노출되고, 신호 정지라인에 맞춰 AR라인이 노출되고, 위험 도로를 알리는 표지판 대신 AR 표지판이 노출된다면 어떨까요? 이미 신호대기 차량에 대기시간을 알리는 기술이 고급차량에 한하여 적용되고 있지만, 차량이 아닌 도로 기반의 AR기술이 특정 지역 위주로 적용된다면 의미 있는 시도가 될 것으로 기대됩니다.

■ 커넥티드 카? 계기판 대신 스마트폰 홈 화면으로 대체될 것입니다.

요즘 들어 '커넥티드 카'에 대한 관심이 높아지고 있습니다. 결국 자동차에 적용되는 AR기술 역시 커넥티드 카가 가진 여러 기능 중 하나에 불과하다는 사실을 인지하게 될 것입니다. 계기판 대신 당신의 스마트폰 홈 화면 배치 그대로 옮겨진다면 어떤 변화가 생길까요? 결국 인간은 익숙한 무언가 다시 익숙해지기 마련입니다. 향후 커넥티드 자동차 시장의 카테고리는 iOS와 안드로이드 플랫폼으로 나뉠 것입니다.

_______ 커넥티드 카(Connected car)란? 직역하자면 '연결된 자동차'를 의미합니다. 다시 말해 인터넷과 모바일 기기, 운전자와 함께 연결된 자동차를 말합니다. '도로 위를 달리는 아이폰' 정도로 생각하면 됩니다.

미래 가능 콘텐츠

■ 커넥티드 + 자율주행 + 엔진 없는 전기차

이들 기술의 공통점은 하루 24시간의 활용 가치를 높여준다는 사실입니다. 투잡, 쓰리잡의 삶이 가능해지거나 삶의 여유 또한 넉넉하게 누릴 수 있습니다. 결국 경제적 여유가 있는 사람들은 이와 같은 기술에 빨리 적응할 것이고 그렇게 시간의 활용 가치를 누구보다 자유롭게 누릴 수 있습니다. 경제적 여유가 없다면, 트렌드에 빠르게 적응할 수 있는 능력을 가져야 합니다. 기술이 보편화되기 전에 미리 익숙해져야 하니까요.

주차된 모든 차량이 AR전시 모델이다

굳이 자동차 매장까지 방문해야 할 이유가 있을까? 굳이 카탈로그에 스마트폰을 가져다 댈 필요가 있을까? 주차된 차량에 AR앱을 가져다 댔을 때, 자연스레 정보가 노출된다면 제조사부터 차종, 제원, 특징, 색상 변경에 진행 중인 프로모션 정보까지 해당 모델에 관련된 모든 정보를 얻을 수 있습니다.

예를 들어, 휠에 대면 휠 사이즈가 표시되고, 보닛에 대면 엔진, 유리창에 가까이 가져다 대면 내부에 적용 가능한 옵션사양 등의 정보가 표시되는 식입니다. 물론, 차량 오너와 관련된 개인정보는 비공개와 공개 중 선택할 수 있습니다. 특히 남성들의 로망, 명품 스포츠카가 주차되어 있다면, 누구든 한번쯤 AR앱을 열어 보이지 않을까요? 가까운 영업점 안내 버튼을 누르면, AR길 안내를 받을 수 있고, 시승 신청까지 가능합니다.

여기에 자동차 보험광고와 차량 액세서리 등의 광고가 추천 알고리즘 기술을 활용해 맞춤식으로 제공된다면, 그야말로 주차된 모든 차량이 AR전시 모델이 될 수 있습니다.

AR
자동차 앱

제조사
차종
제원
특징
색상변경
프로모션
기타

주차된 모든 차량이
AR 전시 모델이다.
AR 자동차 앱
앱을 열고 차량에 가져다 대면,
관련 정보를 볼 수 있습니다.

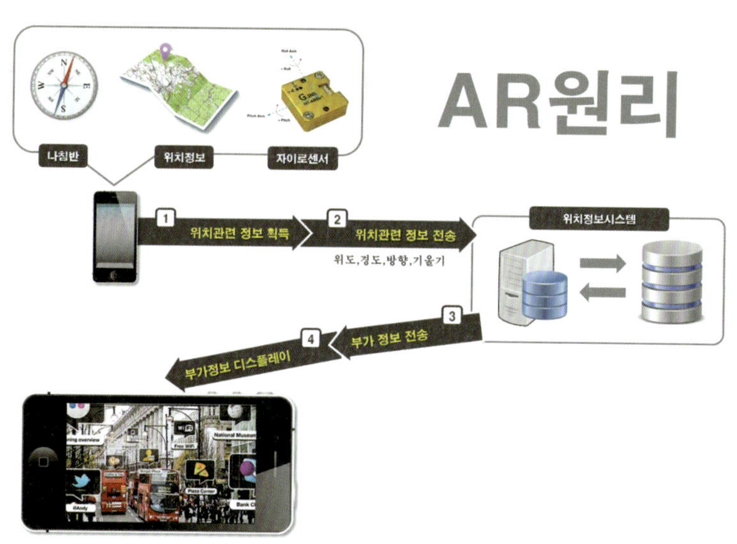

AR원리

나침반
위치정보
자이로센서

1 위치관련 정보 획득
2 위치관련 정보 전송
위도,경도,방향,기울기
위치정보시스템
3 부가 정보 전송
4 부가정보 디스플레이

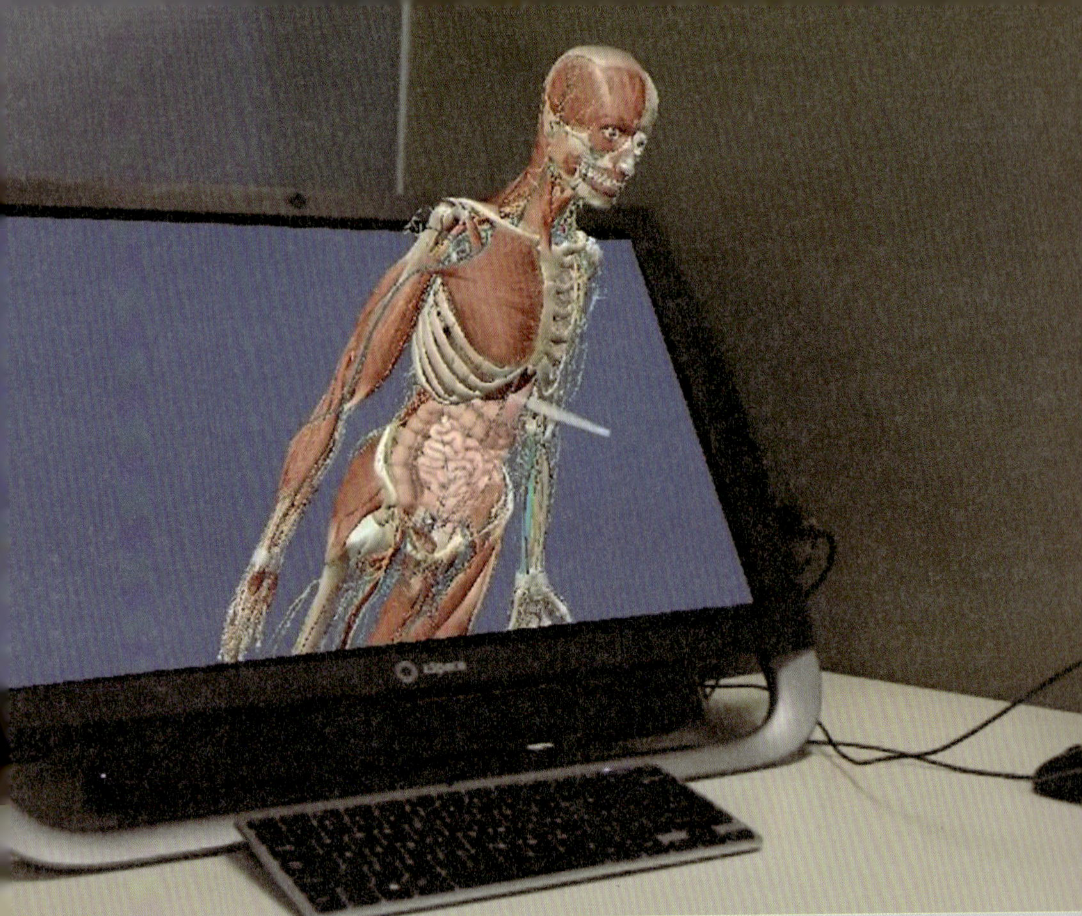

"책으로 해부학을 공부할 때 보다 훨씬 쉽고,
재미있습니다."

"신체 구조를 정확하게 이해할 수 있어서 보
다 정확한 진단을 할 수 있게 되었습니다."

AR의학 기술을 접한 이들의 인터뷰 중에서…….

AR의학
기술의 발전은 생명 연장에 얼마나 영향을 미칠까?

X-ray 장비와 CT, MRI와 같은 의료기술의 발전이 환자를 진단하는데 큰 역할을 담당한 것은 사실입니다. 이로 인해 보다 정확한 치료를 할 수 있으니까요. 그런 기술이 증강현실 분야로까지 확대되고 있습니다. 수술 전, 가장 효과적인 수술 방법에 대해 고민하고 의학용 증강현실 기술로 시뮬레이션까지 할 수 있게 되면서 환자와 의사, 병원 모두에게 긍정적인 효과를 가져다주고 있습니다. 몇 가지 사례를 소개합니다.

의대생을 위한 AR해부학 교육, 제트스페이스(zSpace)

Visible Body and zSpace Partnership Announcement
출처 zSpace, https://youtu.be/4D8hb0kE6UQ

AR기술을 이용한 해부학 교육의 장점은 살아 움직이는 듯한 연동운동, 호흡과 같은 생리학적 부분을 직접 확인하며 학습할 수 있다는데 있습니다. 2D 이미지를 통해 학습했던 과거와 달리 3D 입체 구조로 이루어진 콘텐츠를 바탕으로 쉽게 이해할 수 있어 실전과 가까운 경험을 쌓을 수 있습니다.

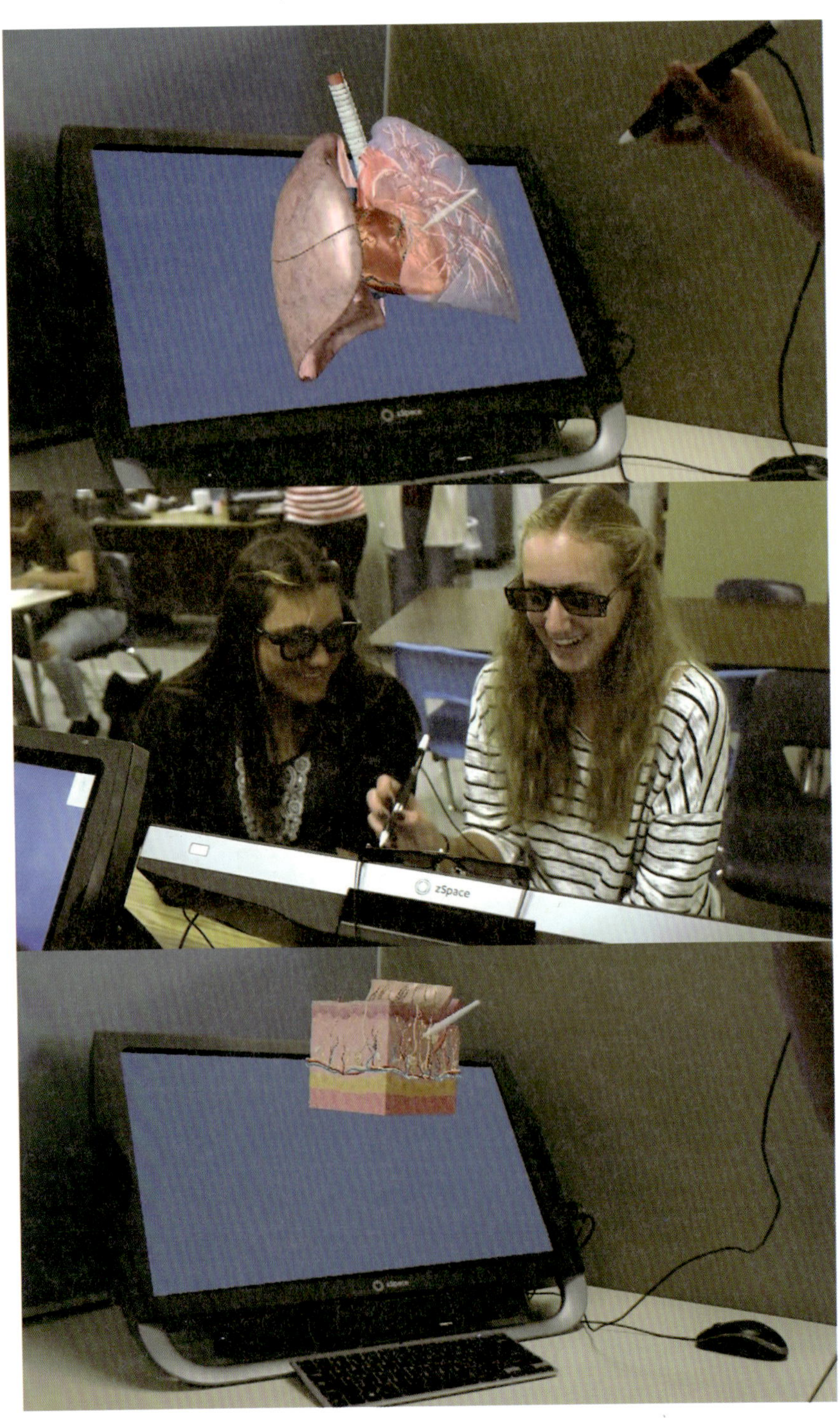

심리상담 시뮬레이터, 심센세이(Simsensei)

심센세이는 환자의 얼굴 근육과 음성/패턴, 자세, 행동패턴 등을 파악해 심리상태를 분석합니다.

언뜻 보면 어색한 상황처럼 보일 수 있지만, 사람과 직접 대면하는 게 아니기 때문에 환자 입장에서는 좀 더 편하고 진실하게 말하는 경우가 있다고 합니다.

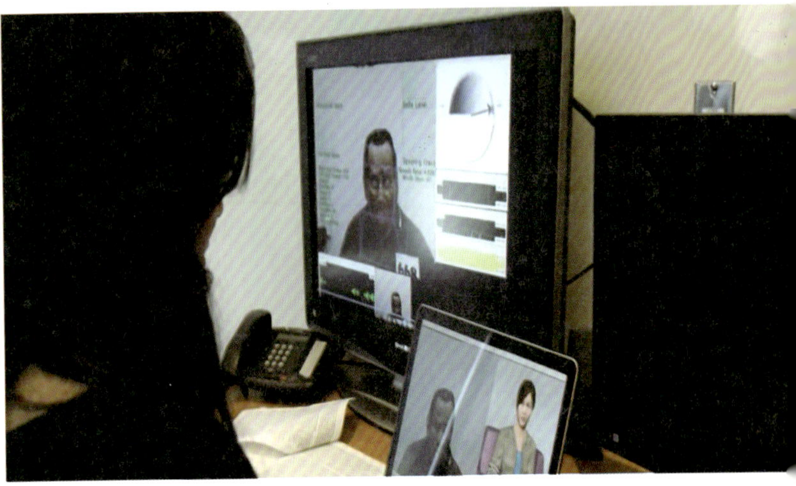

세계 최초 의료용 AR인체 시뮬레이션 도구, 메디심(Medisim)

출처 Carrie Yang, https://youtu.be/JGiVVObY0Ew

의료 시뮬레이션은 건강관리에 효과적으로 사용되어 왔습니다. 특히 실제와 유사한 의료 실습교육에 혁신적인 영향을 미치고 있습니다. 과거 수십 년 동안 심장과 폐 검사를 위해 마네킹이 사용되어 왔지만 복부 검진 교육을 위한 마네킹은 없었습니다. 메디심은 홀로그램과 텍스트, 비디오와 신체장기의 세부적인 정보를 3D 입체적으로 시뮬레이션된 대화식 마네킹 콘텐츠를 제공합니다.

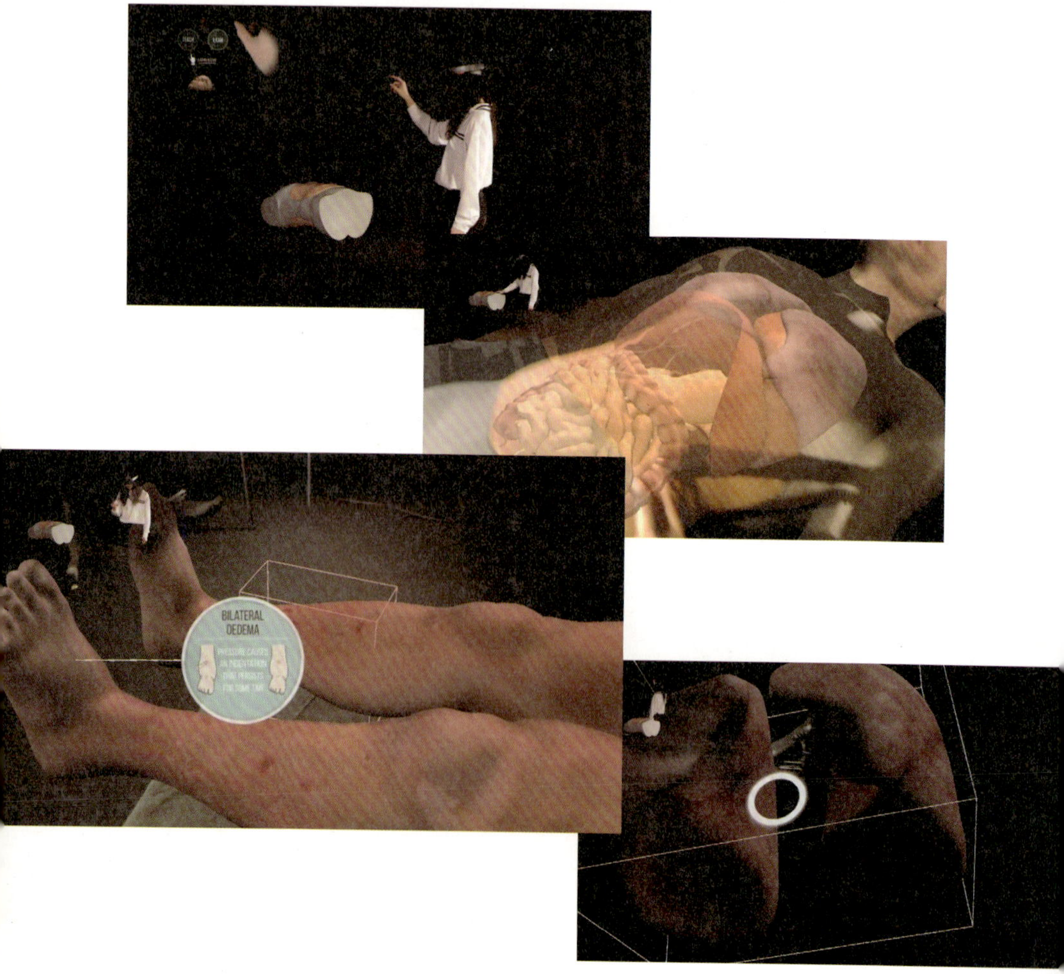

치의학과 학생 위한 교육용 AR, 햅텔(HapTEL)

hapTEL demo video
출처 hapTELproject, https://youtu.be/dH94oeEIa6E

영국 런던 킹스칼리지에서 개발한 햅텔은 햅틱 기술을 이용한 치과 교육용 AR도구입니다.

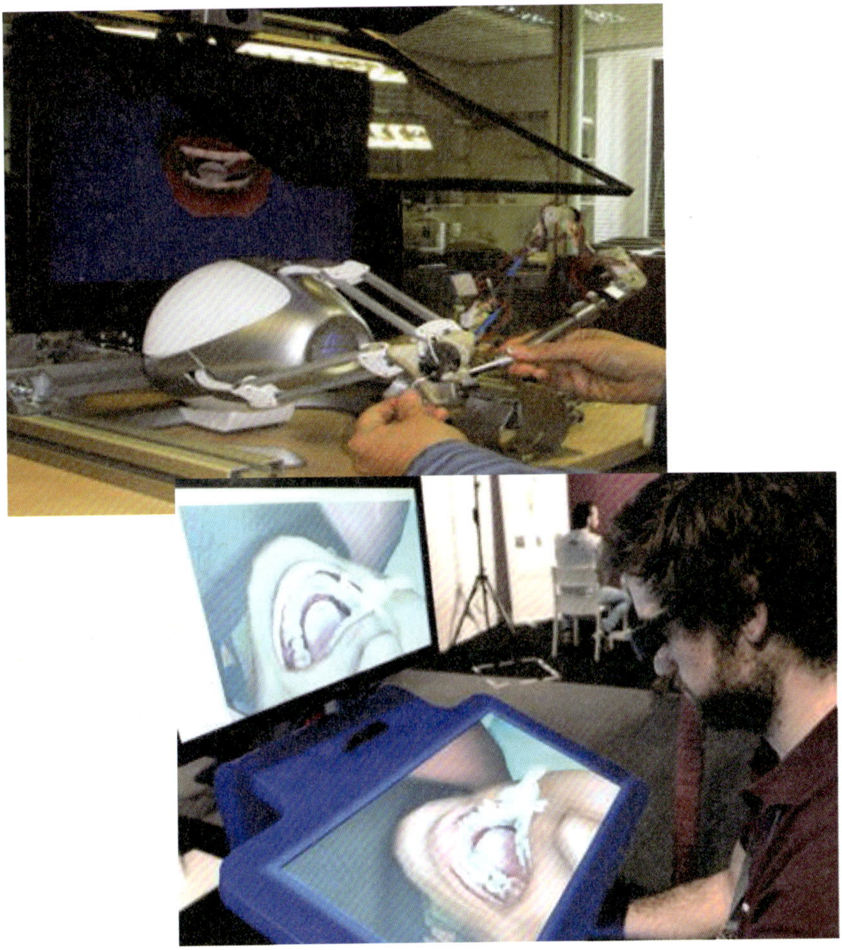

HapTEL(Haptics in technology-enhanced learning)
햅틱(Haptics:촉감) 기술

이머시브터치(ImmersiveTouch)

Introduction to ImmersiveTouch
출처 ImmersiveTouch, https://youtu.be/PWYLtP2lV7M

의학교육 분야의 대표 주자인 이머시브터치의 기술력은 비용 대비 효과 입증을 통해 현재 미국 FDA의 인증을 받았으며 이에 해당되는 제품과 솔루션을 생산하고 있습니다.

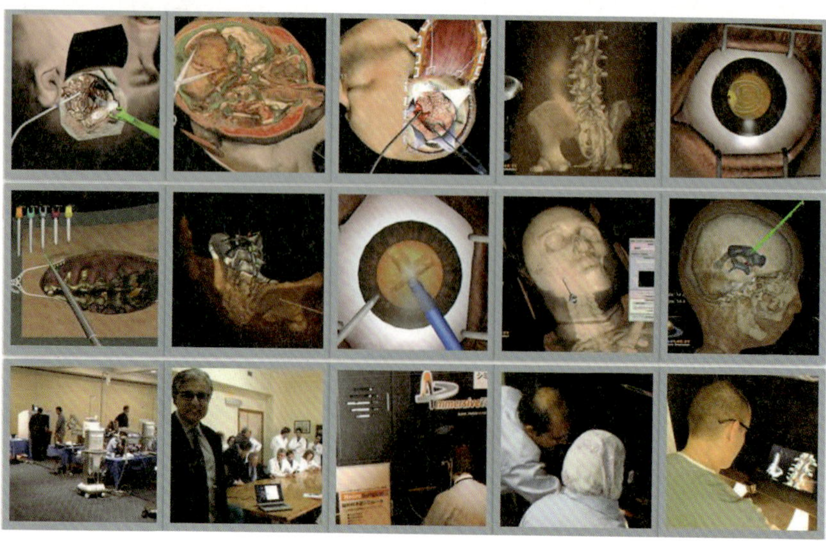

저자의 트렌드 평

미래의 직업으로 VR/AR의학전문의가 생겨나지 않을까 예상해봅니다. 소셜VR 기술과 결합하게 된다면, 파생될 수 있는 영역은 무궁무진할 것으로 예상됩니다.

미래 가능 콘텐츠

■ 반려동물들을 위한 AR의학 기술

현재는 인간 중심으로 AR의학 기술이 발달하고 있습니다. 반려동물들을 위한 기술 개발도 함께 진행된다면 어느 정도 시점에 도달했을 때 큰 부가가치를 창출해 낼 수 있을 것으로 생각됩니다.

구강 이미지 데이터를 확보하라

프로픽스(Prophix)라는 카메라 달린 전동 칫솔이 있습니다. 스마트폰과 연동되어 칫솔과정을 실시간 모니터링 할 수 있고, 칫솔 후에는 사진으로 구강 상태를 확인할 수 있게 해주는 제품입니다. 필자는 개인적으로 이 제품을 좋아합니다. 아직 사용해보지는 않았지만, 매우 가치 있는 제품이라 생각됩니다. 이유는 한 가지 질문에서 비롯되었습니다.

촬영된 사용자들의 구강 상태 사진을 데이터로 접근한다면 어떨까요? 사진 관련 분석 기술을 가진 구글에게 이 제품은 매우 흥미로운 제품이 될 수 있습니다. 세상 모든 정보를 가졌다지만, 사람들의 구강 상태까지 가지고 있지는 않으니까요. 만약 프로픽스가 1,000만 명 이상의 구강 상태 데이터를 확보하게 된다면, 이를 개발한 회사의 가치는 엄청나게 높아질 수 있습니다. 물론 사용자 정보제공에 대한 서약을 받아야 되겠지요. 구매 시 2가지 조건에서 선택할 수 있습니다. '정보제공을 허락한다면 1만 원, 허락하지 않는다면 5만 원.'

더 많은 데이터가 수집되고 분석 기술이 발전하게 된다면, 인공지능이 당신의 충치 개수를 전송해 올 것이고, 전문의와의 상담까지 이어줄 것으로 기대해 봅니다.

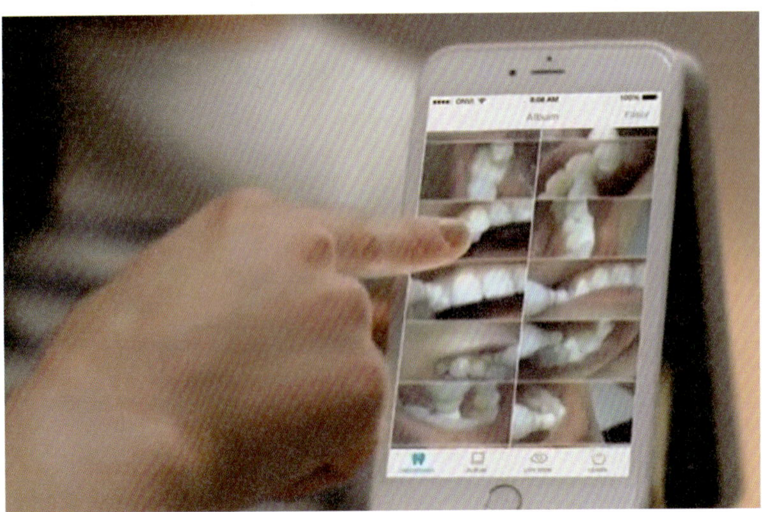

출처 Prophix 데모

IKEA
Show products

쇼핑을 위한 기술이 놀이를 위한 기술,
마케팅을 위한 기술이 될 수 있습니다.

AR쇼핑
쇼핑이 재미있다, 매출이 증가했다

소파나 테이블을 구매하는 방식에는 몇 가지가 있을까요? 오프라인 쇼핑, 온라인 쇼핑, 모바일 쇼핑, TV쇼핑, 전화 쇼핑, 그리고 소셜 라이브 쇼핑, 가상현실(VR) 쇼핑, 증강현실(AR) 쇼핑까지. 구매 방식이 다양해지고, 결제 방식이 간편해지면서 주문 건수는 갈수록 증가하고 있습니다. 소비자에게 VR과 AR쇼핑 등 최신 기술을 활용한 이케아의 마케팅 사례를 살펴봅니다.

이케아 카탈로그 AR쇼핑 2016 버전

IKEA 2016 Catalogue: Augmented Reality
출처 IKEA Australia, https://youtu.be/xC6t2eEPkPc

의자에 앉아 편하게 TV를 시청하는 다른 사람들과 달리 맨 우측에서 구부정한 자세로 시청 중인 남성(남편)이 있습니다. 여성(아내)은 불편한 자세로 TV를 시청하는 남성을 위해 1인 소파를 구매하려 합니다. 먼저 이케아 카탈로그로 원하는 소파를 확인 후 소파가 놓여질 위치에 카탈로그를 내려놓습니다. 다음으로 스마트기기를 들어 거실에 어울리는 색상과 크기를 확인합니다. 이케아가 제공하는 AR쇼핑 기능을 활용하고 있는 것입니다. 직접 매장에 가서 실 사이즈를 측정하는 번거로움 없이 곧바로 확인이 가능합니다.

이번에는 부쩍 자라 작아진 딸아이의 침대를 바꾸고 싶어 합니다. 역시나 카탈로그로 먼저 확인하고 침대가 놓여질 위치에 카탈로그를 내려놓고 AR기능으로 확인합니다.

어수선하게 널브러진 옷가지들을 깔끔하게 정리할 수 있는 작은 서랍형 옷장을 확인 후 구매합니다.

이케아 카탈로그 AR쇼핑 2014 버전

Place IKEA furniture in your home with augmented reality
출처 IKEA, https://youtu.be/vDNzTasuYEw

_____ 이케아 카탈로그 앱 보기 'IKEA Catalog' 앱을 열면 '우리 집에 가구를 놓아보세요' 아이콘이 있습니다. 선택하면 카탈로그를 사용할 것인지 않을 것인지 선택할 수 있습니다. 실제로 거실에 테이블이 필요했던 필자는 이 앱을 통해 원하는 재질과 색상, 사이즈를 사전에 확인하고 직접 매장에 들러 확인 후 어려움 없이 제품을 구매할 수 있었습니다.

출처 IKEA Catalog 앱

관련 콘텐츠

스마트 이케아 카탈로그 2017 버전

출처 IKEA Korea, https://youtu.be/KDuC9GhqhjA

다양한 스토리와 홈퍼니싱 아이디어로 꾸며진 이케아 카탈로그 2017을 만날 수 있습니다. 사용자를 고려해 새롭게 구성된 내비게이션 방식과 보다 편리하고 직관적인 사용자환경(UI: User Interface)으로 제공함으로써 다양한 아이디어와 스토리를 확인할 수 있습니다.

타오바오(TaoBao) 라이브 쇼핑

출처 Jerome Chen, https://youtu.be/mL583BVo2bE

중국 최대 온라인 쇼핑업체 '타오바오' 앱에서는 TV 홈쇼핑과 유사한 '온라인 라이브 방송 쇼핑'을 선보였습니다. 실 사례로 2016년 6월 생방송 2시간 만에 거래액 2,000만 위안(한화 약 34억원)을 기록하기도 했습니다. SNS에 익숙한 세대에게는 실시간으로 채팅이 가능하여 이와 같은 방식이 오히려 차별화된 장점으로 부각될 수 있습니다. 물론 여기에는 간편한 결제시스템이 뒷받침 되어야 합니다. 때문에 자사만의 결제시스템을 보유한 기업이 이 분야에 진출할 가능성이 높습니다. 이미 웨이보(중국판 트위터)는 유사한 서비스를 선보였고, 위챗(중국판 카카오톡)은 검토 중인 것으로 알려져 있습니다.

증강현실 전문기업, 자파(Zappar)

자파는 증강현실 기술을 마케팅에 활용한 앵그리버드, 코카콜라, PEZ, 워너 브라더스, 맥도날드, 레고, 월마트, H&M 등의 광고를 제작했습니다. 최근에는 더 쉽고 간결하게 인터렉티브 AR콘텐츠를 제작할 수 있는 잡웍스(ZapWorks)라는 VR+AR 툴세트(Tool Set)를 출시했습니다.

출처 Zappar

저자의 트렌드 평

온라인 쇼핑의 강점이 구매 후기와 만족도라면, AR쇼핑의 강점은 공간과 착용에 대한 불편함을 어느 정도 해소해 주는 정도로 이해할 수 있습니다. 이 둘의 강점을 합쳐놓은 서비스가 '온라인 또는 모바일 라이브 방송 쇼핑'이 아닐까 생각합니다. 여기서 발생하는 구매 데이터가 꾸준히 쌓이게 된다면, 결국은 인공지능(AI)이 이들의 역할을 대신하게 되겠지요. 문득 '소셜VR' 서비스를 선보인 페이스북의 사례가 떠오릅니다.

미래 가능 콘텐츠

■ '줌 피자(Zume Pizza)'와 '라이브 쇼핑'이 만난다면?

줌 피자는 1분에 48개의 피자를 만드는 스타트업입니다. 약 1.5초 만에 피자 한 판을 만드는 셈이죠. 미국 샌프란시스코에 처음 문을 연 줌 피자는 스위스 로봇제조기업 ABB와의 기술제휴를 통해 피자 제조공정을 자동화했습니다. 전 세계 70개국, 1만 개 이상의 점포를 두고 있는 도미노 피자가 피자 제조공정 자동화 시스템을 도입하고선 유명인을 출연시킨 '라이브 쇼핑' 서비스를 제공한다면 어떨까요? TV에서 "맛있겠다. 먹고 싶다."라고 느끼는 동시에 주문과 배달이 가능하게 될지도 모릅니다.

출처 @zumepizza(인스타그램)

아이핀 스마트 룰러(Ipin Smart Ruler)

아이핀 룰러라는 제품이 있습니다. 스마트폰 헤드셋 단자에 꽂으면 레이저로 피사체의 길이와 높이를 측정할 수 있는 기기입니다. 새집으로 이사하는 가정에서는 커튼의 길이를 재기 위해 의자에 올라설 필요 없이 사진으로 찍어 그대로 커튼제작 관계자에게 발송할 수 있습니다. 또한 가구를 구매할 계획이 있거나 중고가구를 물물교환 하고자 한다면 아이핀 룰러를 유용하게 활용할 수 있습니다. 아이핀 룰러로 측정된 데이터는 향후 동일 상품을 구매하고자 하는 이들에게 유용한 정보가 되어 줄 것으로 예상됩니다.

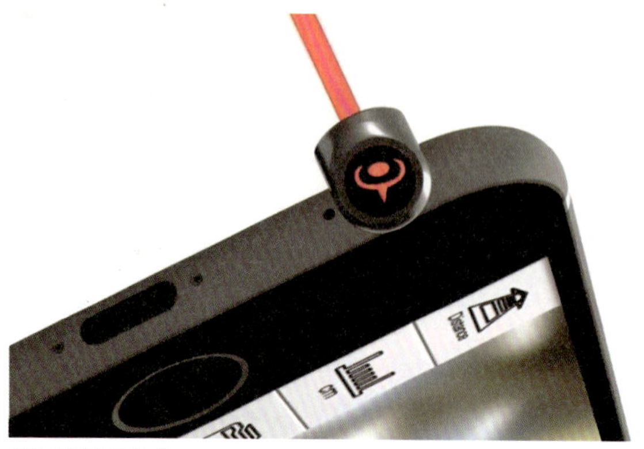

출처 아이핀 룰러 데모

백만장자를 위한 구두가 아닌 백만 인을 위한 구두,

잘 만드는 것보다 잘 파는 시대,

기술은 새로운 유통채널을 구축하고,

새로운 삶의 방정식을 제시합니다.

“

AR고글을 착용하고, 바코드를 바라보기만
해도 자동으로 인식하고, 배치할 위치를 표
시해 주더라구요. 초보자도 쉽게 따라 할
수 있어서 예전보다 짧게 교육할 수 있게
되었습니다.

”

AR산업현장
스마트팩토리에 증강되다

축구경기를 관람하다 보면, 경기 초반 팀별 데이터와 선수 개개인의 데이터가 인포그래픽 형식으로 쉽게 그려져 화면에 노출되곤 합니다. 경기 중간 볼 점유율이나 공격방향, 슈팅 수, 파울 수 등 시청자들에게 실시간으로 정보를 전달하며 경기에 집중할 수 있도록 합니다. 이와 같은 시스템이 산업현장에서 매우 유용하게 사용되고 있습니다. 바로 사물인터넷(IoT)과 AR기술이 결합하여 산업현장에서 생산성을 높여주고 있는 것이지요. 관련된 몇 가지 사례를 소개합니다.

물류, DHL '비전피킹'

Vision Picking at DHL - Augmented Reality in Logistics
출처 DHL, https://youtu.be/I8vYrAUb0BQ

2015년 2월 전 세계 220여 개국 34만 명 이상의 직원이 근무하는 DHL은 물류창고 업무에 AR기술을 도입하는 '비전피킹(Vision Picking)' 시범 프로젝트를 진행하여 성공적으로 마무리되었다고 보고했습니다. 이 프로젝트에는 DHL의 고객사인 리코(Ricoh)사와 유비맥스(웨어러블 컴퓨팅 솔루션 전문업체)가 참여했습니다. 목적은 AR기술이 도입되었을 때 발생될 수 있는 부가가치나 생산성 향상에 어느 정도 기여

할 수 있는지 입증하기 위해서였습니다. 실제 네덜란드 물류창고에서 진행된 프로
젝트는 머리에 AR기기를 착용하고, 구역 내 제품 위치나 주문 수량과 같은 피킹 작
업과 관련된 정보를 제공함으로써 훨씬 빠르고 효율적으로 업무 처리가 진행되는 과
정을 직접 확인할 수 있었습니다. 결과적으로 이 테스트를 통해 25% 이상의 생산성
증진 효과를 얻을 수 있었습니다.

수기작성으로 진행되던 기존 업무 처리 방식

AR건설현장, 캐터필라

Augmented Reality Brings Data to Life at Caterpillar
출처 Caterpillar Inc., https://youtu.be/VGtCQWROytw

캐터필라사는 2015년 산업전반에 관련된 각종 데이터와 수치들을 사물인터넷(IoT) 센서로부터 실시간 전송받아 화면에 띄워 보여주는 AR앱 프로토타입을 선보였습니다. 건설용 트럭이나 장비를 향해 AR기기를 착용하고 바라보면 적재함이나 무게 등을 %로 표시하고 교체가 필요한 주요 부품의 시기도 알려줍니다. 축구 경기 관람 대신 산업 현장만 바뀌었다고 생각하면 되겠습니다.

AR기기 착용 전 모습

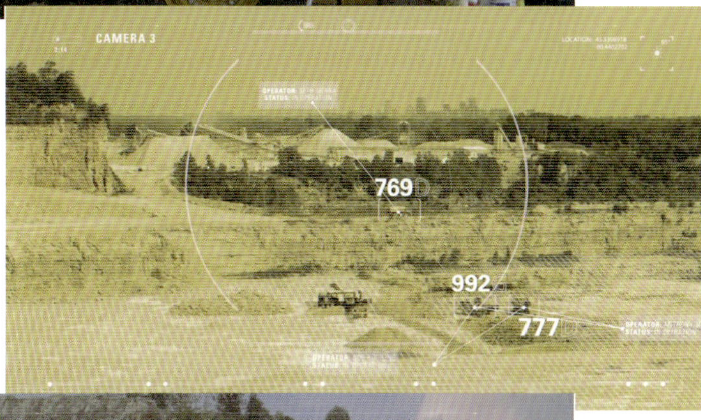

AR기기 착용 후 모습

_______ **프로토타입(prototype)=시제품** 본격적인 상품화에 앞서 성능을 검증, 개선하기 위해 핵심 기능만 넣어 제작한 기본 모델

사물인터넷(IoT) + AR적용 가능 분야 설계, 엔지니어링, 의료, 플랜트, 조선, 공공설비, 농업 등

롤스로이스 Trent 1000 엔진

Trent 1000 Augmented Reality
출처 Bloc Digital, https://youtu.be/CyJhxyEwzDo

롤스로이스는 'Trent 1000' 항공기 엔진 출시와 동시에 아이패드용 AR앱을 선보였습니다. 방법은 이렇습니다. 앱을 열고 실제 엔진에 아이패드를 가져다 대면 화면상으로 엔진의 모형이 겹쳐 띄워지고, 확대/축소가 가능하며 제원과 내부구조 등을 확인할 수 있습니다. 기존에는 수백 페이지에 달하는 관련 매뉴얼 책자가 제공되었지만, AR기술을 통해 보다 신속하고 효율적으로 정비사나 설비 담당자들을 교육할 수 있게 되었습니다.

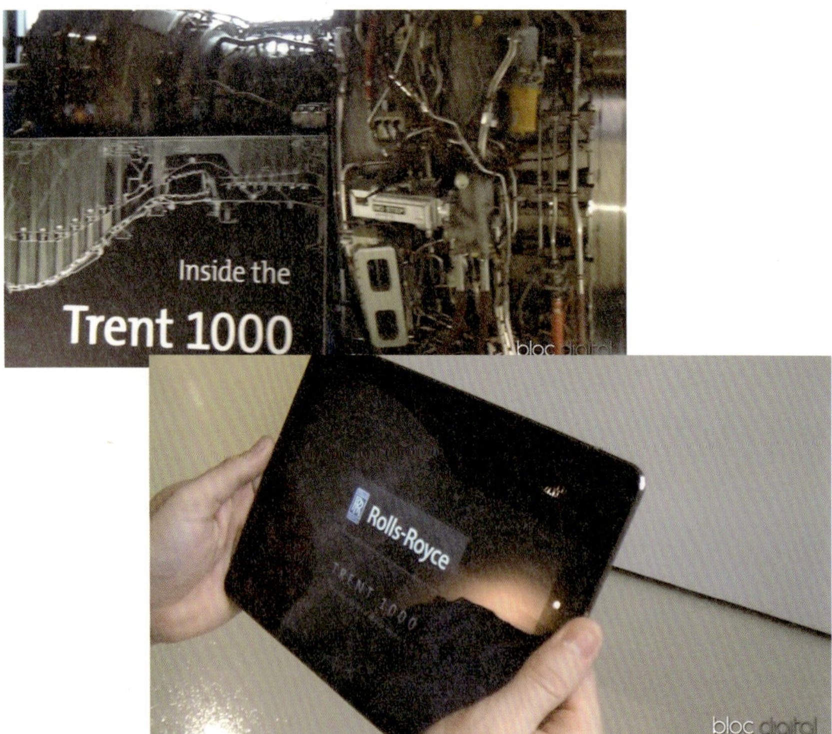

TRENT 1000
ENGINE
FAN SYSTEM
COMPRESSO
bloc digital

bloc digital

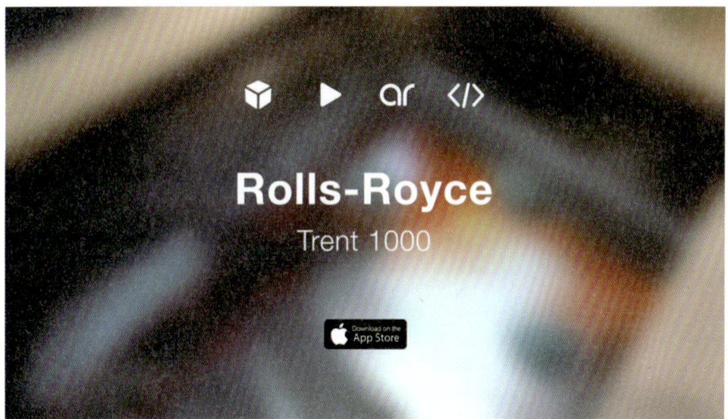
Rolls-Royce
Trent 1000
Download on the
App Store

엑스픽(xPick), 물류 창고관리 적용 사례

xPick: News from Augmented Reality Labs
출처 Ubimax GmbH, https://youtu.be/UEW2PLQGCnA

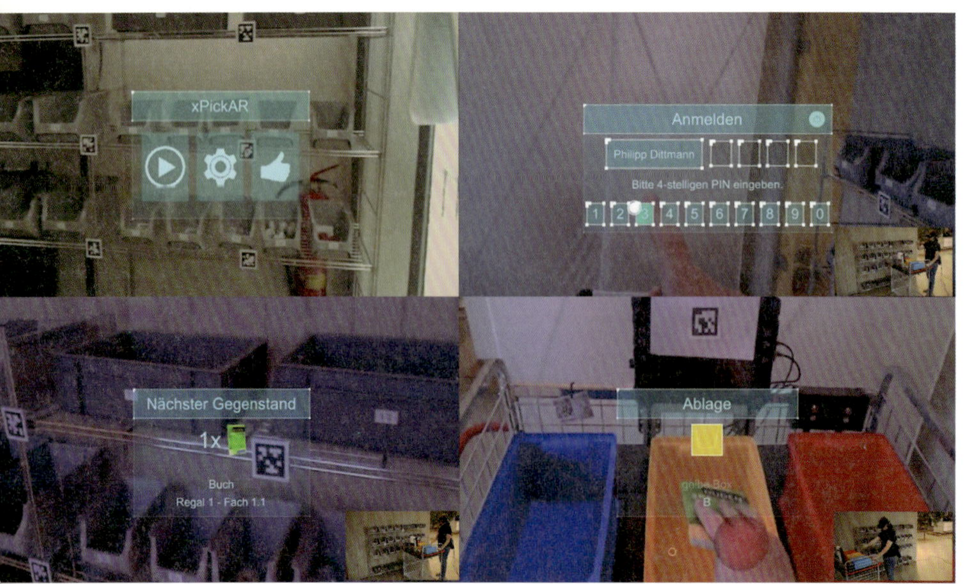

저자의 트렌드 평

학창시절 광양제철소를 방문했던 기억이 있습니다. 공장의 높은 벽을 따라 이동하며 멀리서나마 철이 만들어지는 과정을 직접 관람했습니다. 산업 전반에서 활용되고 있는 AR기술이 업무 효율 증대효과도 가져올 수 있지만, 이처럼 교육 분야에서의 긍정적인 효과도 충분히 기대할 수 있을 것으로 예상됩니다. 미래의 소비자에게 생산현장, 물류현장의 모습을 공유함으로써 교육과 미래 고객확보라는 두 가지 측면에서의 시너지 효과를 기대해봅니다.

미래 가능 콘텐츠

■ 기업 간 AR콘텐츠 공유 플랫폼

중소기업의 입장에서는 관련 기술의 필요성에 대해서는 공감하면서도 비용적인 측면이나 여러 가지 측면에서 어려움이 있을 수 있습니다. 기술에 대한 직접적인 공유는 어려울 수 있지만, 그 외에 직원 교육이나 아이디어 공유 차원에서의 커뮤니케이션에 도움이 될 것으로 예상합니다.

자율주행 유모차, 스마트비(Smart Be)

직접 손으로 유모차를 끌지 않아도 됩니다. 일정한 거리를 유지하면서 스스로 따라오니까요. '스마트비' 자율주행 유모차는 배터리로 작동되고, 이것을 에너지원으로 삼기 때문에 자동차와 유사한 기능을 지녔습니다. 유모차에서 곤히 잠든 아기가 춥지 않게 온도를 조절할 수 있고, 분유가 식지 않게 따뜻하게 데워주고, 스마트폰으로 위치조절과 케노피까지 조절할 수 있습니다. 또한 내부에 설치된 카메라로 실시간 아이의 상태까지 확인 가능합니다. 유모차뿐일까요? 자율주행 여행가방, 자율주행 (물류)카트, 자율주행 자동차, 자율주행 자전거까지 사물에 인터넷이 적용됨으로 해서 삶의 옵션사항이 더 늘어난 것 같습니다.

출처 인디고고 웹사이트

새롭게 등장하는 모든 기계는

인간을 확장하는 것이지 대체하는 것이 아닙니다.

오직 인간을 위한 교육과 훈련만이

새로운 기계를 만들 수 있으며

제대로 교육 받은 사람만이

다시 그 기계를 버리고,

새로운 기계를 만들 수 있습니다.

> "
> VR게임에서는 음향효과가 사용되지만,
> AR게임에서는 현실에서 들려오는
> 모든 소리가 효과가 됩니다.
> VR게임에서는 배경 그래픽이 사용되지만,
> AR게임에서는 주변의 모든 환경이
> 배경이 됩니다.
> "

AR게임
지구 전체가 게임장이다

청바지 매출 하락, 메모지 사용 감소, 닌텐도 매출 적자 기록

이들의 공통점이 있습니다. 바로 스마트폰의 등장으로 매출이 감소했다는 점입니다. 스마트폰 사용시간이 많아지면서 사람들의 움직임이 적어지고 청바지 보다 편안한 옷을 찾게 되면서 청바지의 매출이 하락하게 된 것이지요. 메모지 역시 스마트폰에 일정과 할 일 등을 기록하면서 자연스레 사용이 줄었고, 다양한 유/무료 게임 앱들이 지속적으로 출시되면서 닌텐도의 매출 역시 적자를 기록하게 된 것입니다. 이미 스마트폰 카메라에 익숙해진 사용자들에게 맞는 AR게임이 등장하면서 VR과 또 다른 매력의 게임 카테고리가 만들어졌습니다.

| 청바지 | 메모 | 닌텐도 게임기 |

포켓몬 고

출처 The Official Pok?mon Channel, https://youtu.be/2sj2iQyBTQs

포켓몬 캐릭터에 대한 지적재산권(IP)을 가진 닌텐도가 등장합니다.

다음으로 닌텐도가 투자한 AR기술력을 가진 나이앤틱이 등장합니다.

현실에서는 보이지 않지만, 스마트폰에 나타난 방향지시를 따라 이동합니다. 포켓몬의 위치를 알려주는 것입니다. AR(증강현실)을 보여주는 대표적인 사례라 말할 수 있습니다.

이동 후 발견한 포켓몬을 향해 포켓볼을 던져 캐릭터를 잡습니다.

보유한 캐릭터를 서로 주고받을 수 있습니다.

특정 장소(체육관)에 모여 캐릭터들끼리 배틀이 벌어집니다. 배틀에서 승리하면 자연스레 레벨업이 되겠지요.

캐릭터를 사냥하기 위해 현실에서 이동하고, 잡은 캐릭터에 수렵한 음식을 먹이고, 특정 장소에서 다른 캐릭터와 싸우고, 공공의 적을 상대로 다른 사용자들과 함께 힘을 합쳐 대항하는 그런 게임. 포켓몬 고는 지구 전체가 게임장입니다.

닌텐드 스토리 시작은 화투였습니다. 닌텐도는 1889년 창업자 야마우치 후사지로가 서양의 트럼프 카드 게임을 접하며 일본식 카드 게임 화투를 개발한 것이지요. 여러 장의 종이를 겹쳐 만든 화투는 내려칠 때 손맛을 더하기 위해 석회가루를 넣으면서 엄청난 판매고를 올립니다. 1950년대 플라스틱 가공 기술이 발전하면서 플라스틱 트럼프 카드를 만들었고, 여기에 대중에게 친숙한 디즈니 캐릭터를 넣으며 또 한 번 대히트를 기록합니다. 1980년대 들어서 비디오 게임 패미컴을 출시하며 역사에 길이 남을 슈퍼마리오도 이맘 때쯤 탄생됩니다. 지금이야 스트리밍 방식으로 다운받을 필요 없이 게임을 즐길 수 있지만, 당시에는 각각의 게임팩(카트리지)을 번갈아 끼워야만 했습니다. 덕분에 친구들과 게임팩을 바꿔 사용하면서 함께 어울리는 게임문화가 자리할 수 있었습니다. 이후 비슷한 수십 개의 비디오 게임 제품들이 쏟아졌지만, 다양한 하드웨어에 비해 부실한 게임 콘텐츠의 부재로 게임 시장은 침체기를 맞게 됩니다. 이후 게임 콘텐츠 개발에 박차를 가하게 됩니다.

소니의 '워크맨'이 휴대용 카세트테이프 플레이어계의 대명사라면, 닌텐도의 '게임보이'는 휴대용 게임기계의 대명사라고 말할 수 있습니다. 언제 어디서든 주머니에 넣고 다니며 게임을 즐길 수 있었으니까요. 1989년 출시된 게임보이는 6년 뒤 적외선 통신 기술이 적용된 '포켓몬' 게임을 선보입니다. 적외선 통신으로 친구들끼리 서로 대전을 벌이고, 교환할 수 있는 기능이 가능해 지면서 그야말로 스타크래프트(블리자드가 개발한 인기 RTS게임)에 버금가는 인기를 구가했습니다. 지금의 RPG(Role Playing Game) 시초라 해도 과언이 아닙니다. 2004년 출시된 '닌텐도DS', 2006년 출시된 '닌텐도 Wii'까지 그야말로 전 세계 모든 게임을 닌텐도가 평정했다 해도 과언이 아닐 정도였습니다. 위기는 아이폰의 개발과 동시에 찾아왔습니다. 스마트폰이 가진 모바일 게임의 편리성을 외면했던 것이지요. 결국 매출은 곤두박질쳤고, 2011년 첫 적자(4184억 원)를 기록합니다. '포켓몬 고'의 탄생은 그렇게 위기 속 기회처럼 찾아왔습니다. 모바일 게임 개발에 집중한 닌텐도는 미국의 AR(증강현실) 게임 개발업체 '나이앤틱 랩스Niantic Labs'에 투자하며 자사 캐릭터인 포켓몬을 결합한 '포켓몬 고'를 선보입니다. 또 한 번 전 세계적인 붐을 일으키며 닌텐도는 모바일 게임의 강자로 자리하게 됩니다.

출처 http://gamelog.kr/687, **위키백과**, http://www.dreamstation.cc

전 세계적 광풍을 일으킨 포켓몬 고 개발자 '존 한케' 나이앤틱 대표는 이미 2012년 유사한 게임을 선보인 적이 있습니다. 한 장소에 오랫동안 머물러 놀지 말고 밖에 나가 모두 같이 어울려 놀았으면 하는 바람에서 '인그레스'를 개발한 것입니다. 이 게임은 현재 전 세계 200여 개국에서 1,500만 이상 다운로드를 기록하고, 실사용자가 500만 명에 이릅니다. 게임 방식은 이렇습니다. 불특정 다수의 사용자가 모바일 구글맵을 기반으로 AR기술을 활용한 땅따먹기식 대전을 벌입니다. 지역을 대표하는 랜드마크나 유적지나 공공건축물, 기념물, 기타 등등을 직접 찾아다니며 '포털(Potal)'을 획득하고 이 과정에서 역사와 문화를 자연스럽게 학습하게 됩니다. 포켓몬 고는 인그레스에 캐릭터가 사용됐다고 보면 됩니다. 익숙하지 않은 게임에 익숙한 캐릭터가 만나 엄청난 시너지효과를 발휘한 셈이지요. AR기술의 강점을 극대화시키며 전 세계를 게임장으로 활용한다는 독특한 발상은 VR이 가진 장점과는 또 다른 매력으로 다가옵니다.

Ingress - It's time to Move
출처 NianticProject, https://youtu.be/92rYjlxqypM

출처 구글 플러스

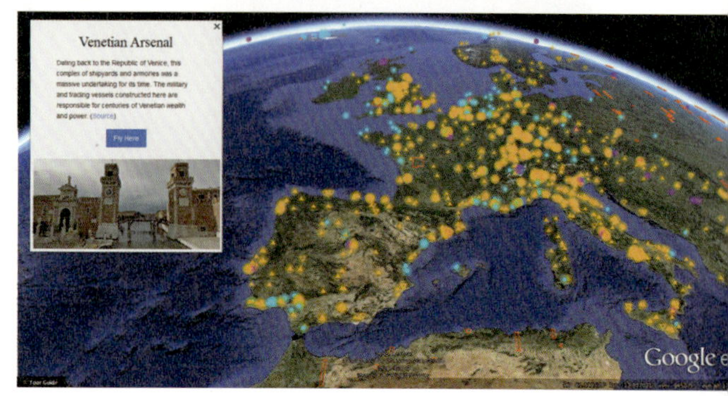

파덜닷아이오(Father.io)

스마트폰만 있으면 도심은 전쟁터로 바뀌고, 사용자는 용사가 된다.

AR 1인칭 슈팅 게임, '파덜닷아이오'

스마트폰은 무기로 바뀌고, 위아래로 흔들면 장전이 됩니다.

벽에 붙은 QR 코드 스티커에서 미션을 받습니다.

미니맵에 표시된 적의 위치를 확인하고, 미리 대비합니다.

이동하는 적을 향해 총을 쏘며 달려갑니다.

▲웨이터로 위장한 적을 알아 채고 겨냥 후 총을 쏘며 사살합 니다.

◀50미터 거리에서 날아든 스나 이퍼 총알에 모든 게임이 마무리 됩니다.

저자의 트렌드 평

■ AR O2O 서비스, 아이폰 카메라에 AR기술이 장착되는 날

향후 출시될 아이폰 카메라에 AR기술이 기본으로 장착되는 날, 광고 및 마케팅 시장에 커다란 변화의 바람이 불어올 것으로 예상됩니다. 이미 상용화된 기술이라 하겠지만, 별도 앱을 설치해야 하는 번거로움 때문에 크게 활용되지는 못했던 게 사실입니다. 그렇다면, 어떤 변화가 일어날까요? 아이폰과 함께 블루투스로 연결 가능한 아이폰 전용 AR고글이 패키지로 판매될 것이고, 고글을 통해 기업들이 제공하는 AR서비스를 쉽고, 재미있게 사용하며 쇼핑에 결제까지 가능하게 될 것입니다. 게임, 쇼핑, 엔터테인먼트, 교육, 기타 모든 분야에서 말이죠. 다시 말해, AR O2O 서비스가 더욱 확대될 것으로 예상됩니다. 그렇다고 아이폰만 생각하면 안되겠지요? AR기술 기본 장착 스마트폰이 가져올 변화에 또 무엇이 있을까요? 미리 대비한다면, 당신은 부자가 될 수 있습니다.

관련 컨텐츠

■ 배스킨라빈스 아이스크림 AR프로모션 사례

해피리얼 앱을 열고 배스킨라빈스 로고를 스캔하면 매달 새롭게 출시되는 이달의 맛을 증강현실로 확인할 수 있습니다(안드로이드만 가능).

출처 배스킨라빈스 공식 블로그 해피리얼 증강현실 이벤트

■ AR툰? 증강현실과 결합된 네이버 웹툰 '폰령'

네이버는 증강현실과 결합한 새로운 형식의 공포 웹툰 '폰령'을 공개했습니다. 시작부터 카메라 사용에 대한 승인 요청 메시지가 뜨고 임산부와 노약자, 심신이 약한 자들은 보지 말아달라는 요청 메시지도 남깁니다. 공포스러운 분위기의 그림과 스토리가 이어지

고 절정에 다다랐을 때쯤 익숙한 배경이 카메라를 통해 비춰지면서 증강현실로 바뀝니다. 동시에 스마트폰 한 켠에 으시시한 귀신 캐릭터가 등장하고 이내 독자들의 간담을 서늘하게 합니다. 필자는 평소 온라인 게임과 만화를 좋아하지 않지만, AR기술과 결합된 귀신 웹툰은 정말 무서우면서 재미있었습니다. 새로운 시도를 통한 재미는 항상 신선한 것 같습니다.

출처 네이버 웹툰, 앱 캡처

■ AR스트리트 파이터 게임, 하도(HADO)

오락실에서나 즐겼던 '스트리트 파이터' 게임을 현실에서 실제 장풍을 쏘고 방어막을 치면서 건너편 상대와 대전을 벌일 수 있습니다. 물론 AR기기를 착용해야 되겠지요.

출처 meleap_HADO

■ AR스키고글, 라이드온 고글

선수들의 스키 코스를 게임처럼 즐길 수 있고, 블랙박스처럼 영상녹화가 가능합니다. 지도 기능과 문자, 영상통화까지도 가능하다고 하지만, 아직 제품 출시는 미정인 상태입니다. (사전주문) 가격: 1,179달러

출처 www.rideonvision.com

■ AR로봇, 메카몬 Mekamon

스마트폰으로 조종하는 로봇장난감 메카몬이 AR모드에서는 레이저와 미사일을 쏘며 다른 로봇과 대결을 펼칠 수 있습니다.

출처 http://mekamon.com/

■ 스냅챗 렌즈스 Snapchat Lenses

스냅챗의 렌즈스는 카메라가 사용자 얼굴을 인식하고 강아지나 아인슈타인, 무지개, 단풍, 기타 등등의 다양한 그래픽을 입혀 재미있게 보여주는 증강현실 기능입니다. 국내 유사한 앱으로는 네이버가 개발한 '스노우Snow'가 있습니다. 스노우앱은 2016년 여름, 페이스북이 인수하려 했으나 무산되었습니다.

출처 스냅챗 렌즈스를 이용한 필자의 얼굴 모습

미래 가능 콘텐츠

■ AR스탬프 '내가 다녀간 흔적을 AR로 남기거라.'

맛집으로 유명한 식당을 가게 되면 테이블과 벽면이 온통 다녀간 고객들의 낙서와.사인들로 가득한 모습을 종종 볼 때가 있습니다. 맛있는 기억에 대한 흔적을 남기는 것이지요. 그런 인간의 습성을 반영해서 평소 눈에는 보이지 않지만 AR기술을 통해 자신의 사진이나 사인 혹은 낙서 등을 남길 수 있다면 다양한 재미를 선사할 수 있을 것으로 보여집니다. 공개나 비공개로 설정할 수 있고 나중에 다시 식당을 방문했을 때 언제, 누구와 무엇을 먹었는지 AR스탬프를 통해 확인할 수 있겠지요.

또한 기업들의 광고나 마케팅으로 활용된다면 어떨까요? 소주회사가 제공하는 소주병 아이콘을 들고 저장하면 AR소주 광고모델 컨셉으로 흔적을 남길 수도 있습니다. 무료 소주쿠폰이 모델료로 제공되겠지요. 이후 해당 식당을 방문한 다른 고객이 이전에 남긴 AR스탬프를 확인하고 댓글을 달면서 네트워크가 형성될 수도 있습니다. 사실 이 아이템은 필자가 지금 준비 중에 있습니다.

맛집뿐일까요? 좋은 기억에 대한 흔적을 남기고 싶은 모든 곳이 AR스탬프의 대상이 될 수 있습니다(앞서 'AR여행 방문 스탬프'에서 파생된 아이디어입니다).

내 아이의 관심사와 호기심을 데이터화 하라

광고를 주 수입으로 삼는 기업들의 관심사는 사용자들의 관심사를 최대한 상세하게 파악하는 일입니다. 때문에 대부분의 기술 개발도 그와 같은 관심사 수집과 분석에 초점이 맞춰져 있습니다. 불특정 다수에게 100개의 광고 전단지를 나눠주는 것보다 관심 있는 10명에게 10장의 광고 전단지를 나눠줌으로써 저비용 고효율의 광고효과를 이끌어 낼 수 있으니까요. 흔히들 말하는 빅데이터가 바로 여러 사람의 관심사를 데이터화한 자료입니다.

그렇다면, 이와 같은 관심사를 기업이 아닌 가정의 시각에서 바라보면 어떨까요? 내 자녀 내 배우자의 관심사와 호기심을 데이터화 하는 것입니다. 예를 들어 내 자녀의 관심사 10가지를 나열하고, 우선순위를 정합니다. 그리고 하루 24시간 중 가장 많은 시간을 소비하는 일부터 순서대로 나열하여 %로 정리합니다. 모바일 게임이 1순위라면, 이는 10점이 되고, 학업시간 35%, 취침시간 30%, 모바일 게임시간 12%, 이동시간 6%, 식사시간 2%라면 모바일 게임은 12점, 총 22점이 됩니다. 비교대상이 필요하겠지요. 비교대상은 내 자녀가 롤모델로 삼는 인물과 부모님이 롤모델로 삼는 인물의 관심사를 정보검색을 통해 가상의 점수를 매기면 됩니다. 물론 정확한 데이터 측정이 어렵고, 번거로울 수 있습니다. 하지만, 내 자녀가 살아야 할 세상은 이와 같은 데이터를 기반으로 순환되고 있다는 사실을 염두에 두어야 합니다. 아날로그식 가족의 데이터가 가족의 미래를 결정짓는 중요한 수단이 될 수 있습니다.

내 아이의 관심사와 호기심을 데이터화 하라

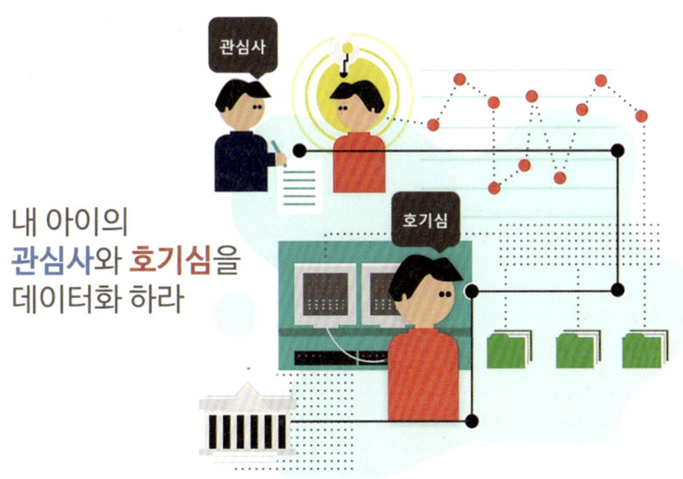

음식의 맛은 요리사가 결정짓지만, 맛에 대
한 기억은 환경과 분위기가 결정짓는다.

AR레스토랑, 갤러리 맛의 즐거움을 멋의 즐거움으로 만들다

벨기에의 애니메이션 스튜디오 '스쿨맵핑Skullmapping'사는 프로젝션을 이용한 독특한 콘텐츠 제작으로 많은 사랑을 받고 있습니다. 사용되는 기기는 다르지만 이 역시 AR의 일종으로 분류할 수 있을 것으로 판단되어 소개해 드리고자 합니다.

르쁘띠셰프 레스토랑, 스테이크 편

Le Petit Chef
출처 Skullmapping, https://youtu.be/yBJEP4lsRFY

스테이크를 주문한 손님들은 흰색 원형 테이블과 흰색 접시를 스크린 삼아 애니메이션을 관람합니다. 애니메이션 내용은 본인이 주문한 스테이크가 재치 있게 조리되는 과정을 그렸습니다. 특이점은 천정에 달린 프로젝션입니다. 뒷 편에 설치된 극장과는 달리 레스토랑의 환경을 고려한 듯 합니다. 관람이 끝나는 동시에 주문한 스테이크가 등장합니다.

'Le Petit Chef'
Dinner table mapping

르쁘띠셰프 레스토랑, 디저트 편

Le Petit Chef - Dessert
출처 Skullmapping, https://youtu.be/LXyX-OvZlUg

스테이크를 먹었으니 이번엔 디저트를 먹어야 겠지요. 역시 디저트가 준비되는 동안 조리사 캐릭터가 등장해 디저트가 만들어지는 과정을 재미있게 그렸습니다. 관람이 끝나고 똑같은 모양의 디저트가 등장합니다.

'Le Petit Chef'
by Skullmapping

갤러리 인베이전

Gallery Invasion
출처 Skullmapping, https://youtu.be/APpw6ZKlQ3I

이제 먹었으니 소화도 시킬 겸 근처 작은 갤러리를 방문합니다. 갤러리에 걸린 원숭이 그림에 침략자가 등장하더니 이내 갤러리를 온통 뒤집어 놓습니다. 원숭이가 침략자를 쫓아내기 위해 끝까지 추적하면서 일어나는 과정을 재치 있게 그렸습니다. 침략자를 쫓아버린 원숭이는 다시 그림 속에 자리합니다.

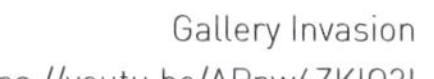

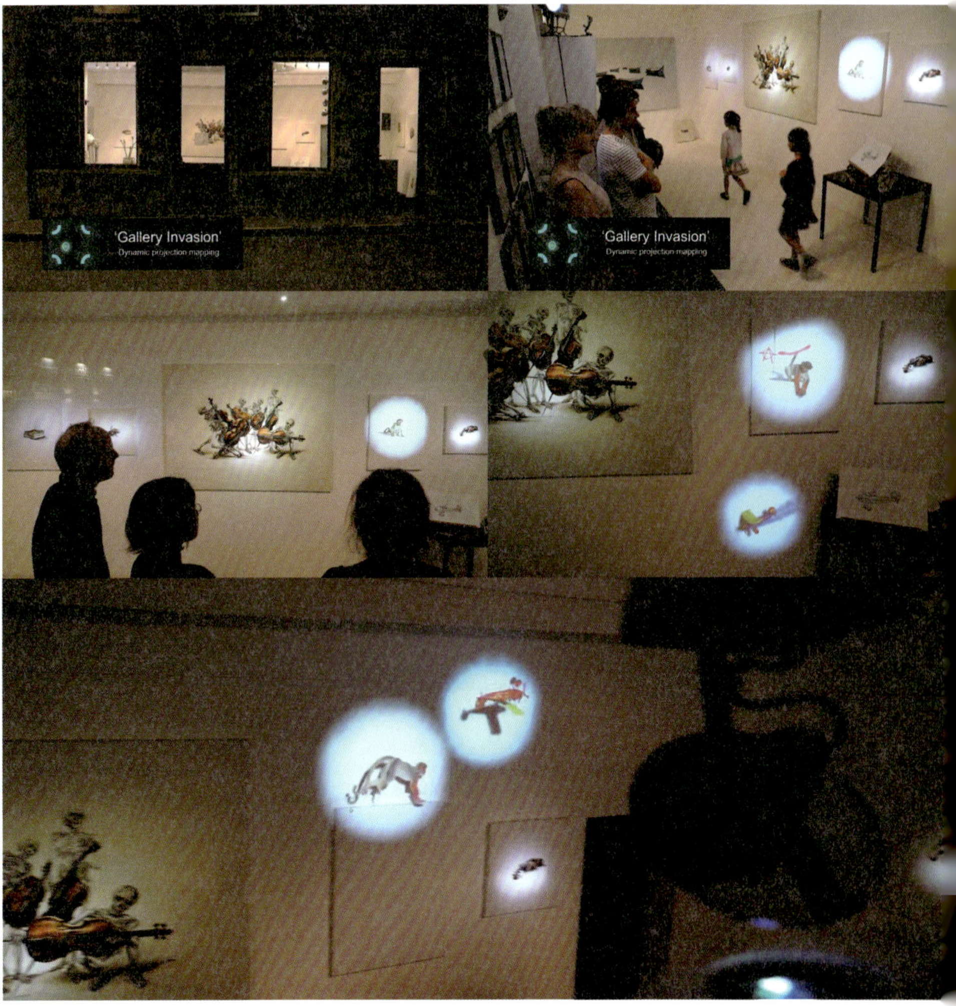

저자의 트렌드 평

먹는 즐거움, 보는 즐거움이 인간을 더욱 행복하게 합니다. 스마트 기술의 발전으로 사람 간의 소통이 원활해졌다면, 카메라 기기의 보급으로 맛집에 대한 소식이 급속도로 퍼져나갔습니다. 맛집을 찾아가는 재미와 맛집의 맛을 음미하는 재미가 인간을 또 한 번 행복하게 하는 것 같습니다. 지금의 VR과 AR, MR에 대한 트렌드가 언제까지 이어질지는 장담할 수 없지만, 환경과 장소, 기기의 제한 없이도 다양하게 즐길 수 있는 방법은 얼마든지 찾을 수 있을 것으로 보여집니다.

미래 가능 콘텐츠

학생들이 공부하는 책이 스크린 역할을 하고, 책상에 미니 프로젝션이 설치된다면 교육 관련 콘텐츠는 무궁무진하게 확산될 것으로 기대해봅니다.

속마음 인공지능

소개팅 자리에 나온 남성은 호감이 가는 이성에게 질문합니다.

"뭐 좋아하세요?"
"무슨 음식 좋아하세요?"
"어떤 영화 좋아하세요?"
"어떤 음악 좋아하세요?"

그 어떤 여성도
"샤넬 백 좋아해요."
"OO레스토랑의 아이스-워터 에이징 스테이크 좋아해요."

라고 대답하지 않습니다. 보통은 "아무거나"라든가 "특별히 가리지 않고 잘 먹어요."라고 대답합니다.

과거의 기술은 인간의 생각이 아닌 말과 행동을 전제 조건으로 발전해 왔고, 지금도 계속 진행 중입니다. 하지만, 앞으로의 기술은 샤넬 백과 아이스-워터 에이징 스테이크와 같은 속마음을 추정하는 방향으로 발전할 가능성이 높습니다. 속마음 인공지능을 탑재한 기기의 도움으로 이성과 함께 르쁘띠셰프의 레스토랑에서 함께 스테이크를 즐긴다면, 그야말로 맞춤식 인공지능의 도움을 받을 수 있지 않을까 예상해봅니다.
(속마음 인공지능의 미래상황은 4장의 4-4에서 확인할 수 있습니다.)

VR
AR
MR
MIXED REALITY

CHAPTER 04

MR 비즈니스 트렌드

VR과 AR이 만나 새로운 리얼리티가 탄생하다

아이언맨, 슈퍼맨, 스파이더맨, 배트맨이 될 수 없다는 사실을 알면서도 영화를 보고 나면 자꾸 영웅처럼 생각하고, 행동하고 싶을 때가 있습니다. 떨어지는 물건에 거미줄을 날려 건져내거나 꽉 막힌 도로에서 배트맨카를 타고 순식간에 빠져나가거나 앞뒤 꽉꽉 막힌 직장 상사라는 이름의 악당을 슈퍼맨이 되어 우주로 날려 보내는 그런 생각. 현실과 상상을 오가는 영웅담을 MR(융합현실)에서 확인할 수 있습니다.

생각은 존재의 가치를 증명합니다. 추억은
존재의 가치를 회상합니다. 상상은 존재 자
체가 없습니다. 기술은 상상을 회상하게 합
니다.

MR 매직리프
손바닥 위를 걷는 코끼리, 체육관에서 헤엄치는 범고래

몰입도가 높은 VR의 장점과 현실감이 높은 AR의 장점만을 모아 직접 경험할 수 있다면, 그 상상이 가까워지고 있습니다. 바로 MR(융합현실: Mixed Reality) 기술의 발전이 그 상상을 가능케 합니다. 홀로그램(가상 입체영상)을 현실과 겹쳐 보여주는 기술, MR의 대표주자 '매직리프'의 사례를 살펴봅니다.

MR 매직리프

Magic Leap Virtual Reality - Behold The Future
출처 UPHIGH Productions, https://youtu.be/OvAh5ajfBq8

미국의 스타트업 매직리프는 알리바바, 구글, 퀄컴, 워너브라더스, 기타 VC(벤처캐피탈) 등으로부터 약 8억 달러에 가까운 투자금을 유치했습니다. 공식제품이 출시되기 전인데도 불구하고 시장 가치는 약 45억 달러에 달합니다. 차기 혁신 플랫폼을 찾는 글로벌 기업들에게 매직리프는 매우 매력적인 기술을 가졌나 봅니다. 그들의 핵심기술은 이렇습니다. 정확한 이미지를 망막에 투사해 3D 이미지를 원래 현실에 존재하는 물체처럼 보이게 만드는 고글의 개발입니다. 다시 말해, 초소형 프로젝터를 통해 실제 사물을 보는 방식과 최대한 가깝게 보여지도록 망막에 투사되는 것입니다. 손바닥 위를 걷는 코끼리, 체육관에서 헤엄치는 범고래, 사무실에 나타난 좀비, 외계인 그리고 해파리, 인터넷 서핑, 일정 관리, 쇼핑, 기타 등등 스마트폰과 인터넷 상에서 할 수 있는 모든 것을 사용자가 위치해 있는 모든 장소에서 실현 가능해집니다.

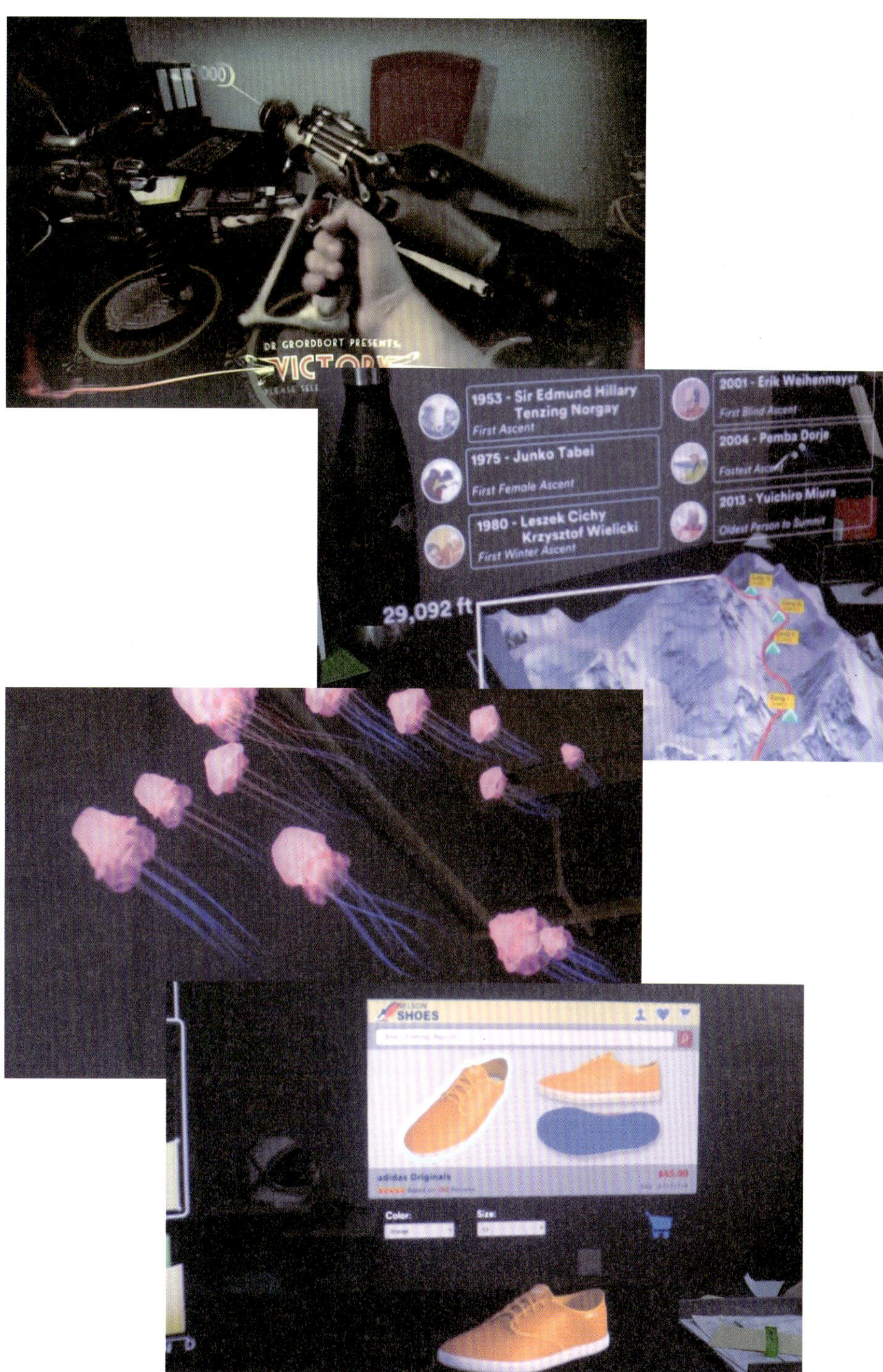DR GRORDBORT PRESENTS
VICTORY
PLEASE SEL

1953 - Sir Edmund Hillary
Tenzing Norgay
First Ascent

1975 - Junko Tabei
First Female Ascent

1980 - Leszek Cichy
Krzysztof Wielicki
First Winter Ascent

2001 - Erik Weihenmayer
First Blind Ascent

2004 - Pemba Dorje
Fastest Ascent

2013 - Yuichiro Miura
Oldest Person to Summit

29,092 ft

NELSON
SHOES

adidas Originals

Color:
Size:

저자의 트렌드 평

매직리프의 기술은 2015년 MIT가 선정한 '올해의 10대 혁신기술'로 선정되었습니다. 공식적으로 그들의 제품이 출시된 것은 아니지만, 글로벌 플랫폼을 보유한 기업들의 투자를 이끌었다는 것만으로도 이미 새로운 산업이 시작되고 있음을 알리는 계기가 된 것은 분명해 보입니다. 게임, 스포츠, 교육, 쇼핑, 의학, 교통, 환경, 기타 등등 다양한 분야에서 활용될 것으로 예상되는 만큼 우리는 어떻게 대비해야 할까요? 내 방안 책상에 이 기술이 언제쯤 놓이게 될 지부터 예상할 수 있는 자신만의 예측 데이터를 쌓아두는 것이 먼저라는 말씀을 드리고 싶습니다. 다양한 수를 미리 예상하고 준비하는 자에게 기회는 늘 찾아오게 마련입니다.

아마존 고(Amazon Go), 기대감에 관한 기술 개발

아마존에서 계산대가 필요 없는 미래의 쇼핑 모습을 담은 영상을 공개했습니다. 지하철에 출입할 때처럼 앱을 열어 출입대에 가져다 대면 입장이 가능합니다. 카메라를 포함한 각종 센서와 딥러닝 기술이 어우러진 '아마존 고' 매장에는 원하는 물건만 골라 담아 나오면 됩니다. 별도의 계산을 위해 길게 줄을 설 필요도 없고, 카드를 꺼내거나 포인트 적립을 위해 휴대폰 번호를 입력하는 번거로움 따위도 없습니다. '저스트 워크 아웃(Just Walk Out)'이라고 이름 지어진 이 기술의 등장만으로도 전 세계 많은 사람들의 이목을 끌기에는 충분했습니다. 현재 오픈을 준비 중인 것으로 알려진 이 매장은 아마존 본사가 위치한 시애틀에 50평 정도 크기의 오프라인 식료품 매장이 될 것이라고 합니다.

이 시점에서 아마존 고와 매직리프의 공통점을 찾아볼 수 있습니다. 그것은 현재 둘 다 육안으로 확인 가능한 실물이 존재하고 있지 않다는 사실입니다. 그럼에도 불구하고 엄청난 투자금과 홍보효과를 이끌어 냈다는 점에서 의미가 있다고 할 수 있습니다. 결과물에 얼마나 빨리 다가갈 수 있는지에 대한 기대감을 갖게 하는 일, 과연 미래의 인공지능에서는 가능할까요? 지금 우리에게 필요한 것은 기대감에 대한 데이터 수집/분석이 아닐까 생각해 봅니다.

> 굳이 TV가 필요할까요? 굳이 인테리어가
> 필요할까요? 굳이 스위치가 필요할까요?
> 홀로렌즈만 있으면, 미니멀리즘의 삶을 실
> 천할 수 있습니다.

MS홀로렌즈
비즈니스와 생활에
가장 적합한 기술이 되다

매일매일 반복되는 직장에서의 하루, 그 중심에는 늘 MS가 개발한 윈도우와 오피스 프로그램이 항상 자리하고 있습니다. 업무 처리 방식은 분명 빨라졌는데, 왜 업무량은 줄지 않는 걸까요? 왜 늘 늦게까지 업무가 가중되는 걸까요? MS에서 출시한 새로운 기술 '홀로렌즈'가 그 궁금증을 해소해 줄 것으로 기대해 봅니다.

홀로렌즈

Microsoft HoloLens - Transform your world with holograms
출처 Microsoft, https://youtu.be/aThCr0PsyuA

얼핏 보면 스포츠 스타들이 착용하는 고글처럼 보일 수 있습니다. 그런데 이 고글을 착용하면 아이폰의 확대/축소 기능처럼 가상의 사물을 손가락으로 컨트롤할 수 있고, 현실을 기반으로 가상의 모형과 캐릭터, 도형, 이미지 등의 정보도 보여줍니다. 이는 사용자 시야에 노출된 공간과 사물, 기기 등의 정보를 파악해 그에 어울리는 가상의 3D 이미지를 겹쳐 보여주는 홀로렌즈만의 기술력이라고 말할 수 있습니다. 또한 인공지능 '코타나'가 탑재되어 음성으로 명령까지 내릴 수도 있고, 3차원 이미지 개발과 출력 제작까지 가능합니다. PC에 연동하는 오큘러스 리프트나 콘솔에 연동하는 PS VR, 스마트폰에 연동하는 기어VR과 달리 홀로렌즈는 자체 CPU와 GPU, 그리고 홀로그래픽 처리를 위한 별도 프로세서까지 탑재되어 있습니다.

_____ **활용분야** 게임, 엔터테인먼트, 자동차, 미항공우주국(NASA), 의학, 건축, 여행, 교육, 쇼핑, 기타 등등
참고 홀로그램이란 3차원 이미지를 의미합니다. 영화 속에 등장하는 트랜스포머와 같은 3D 형상과는 다릅
니다.

홀로투어

해외 유명 관광지에 설치된 360도 카메라를 통해 거실에서도 가상의 여행을 즐길
수 있습니다.

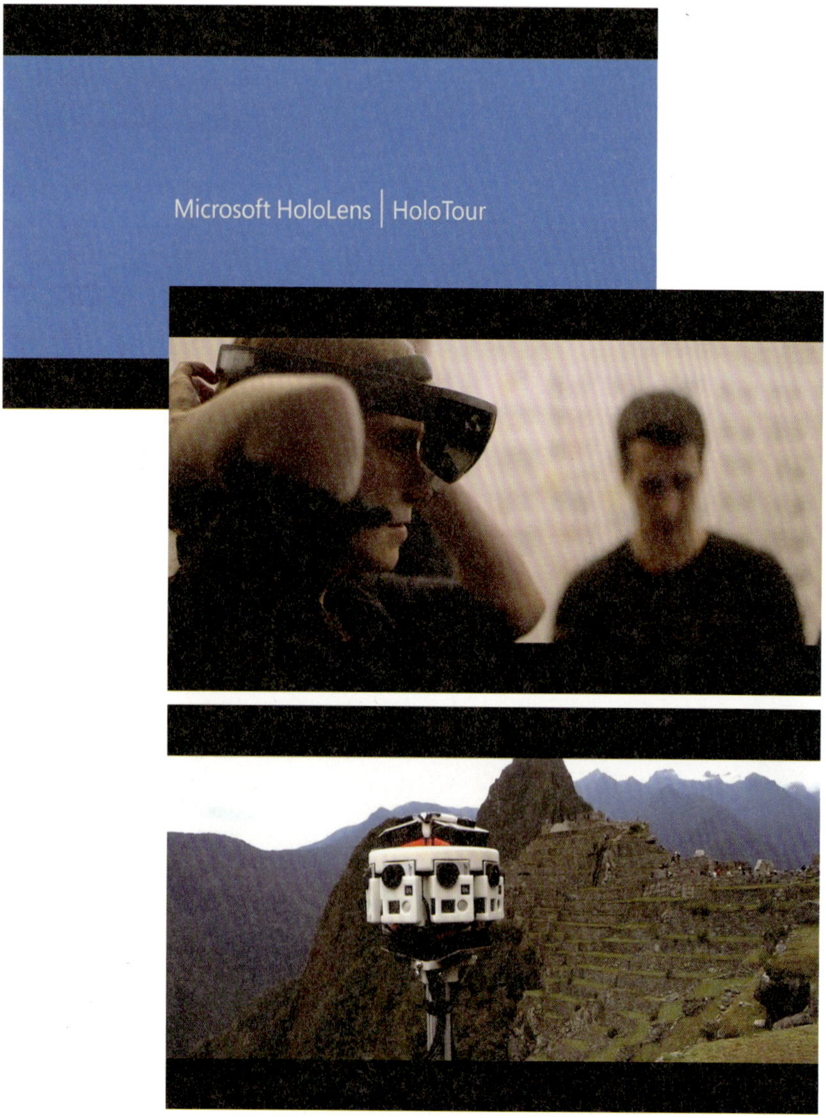

HOLO TOUR
TO MACHU PICCHU

마인크래프트

마인크래프트는 마이크로소프트가 인수한 게임입니다. 벽돌처럼 생긴 블록을 쌓으며 원하는 건물들을 지을 수 있고, 넓게는 도시까지 만들 수 있습니다. 레고 장난감을 이용해 캐릭터나 비행기, 자동차, 건물, 성 등을 만들었던 것처럼 홀로렌즈를 착용하면 입체적으로 표현되는 게임으로 보다 현실감 있게 몰입도 높은 게임을 즐길 수 있습니다.

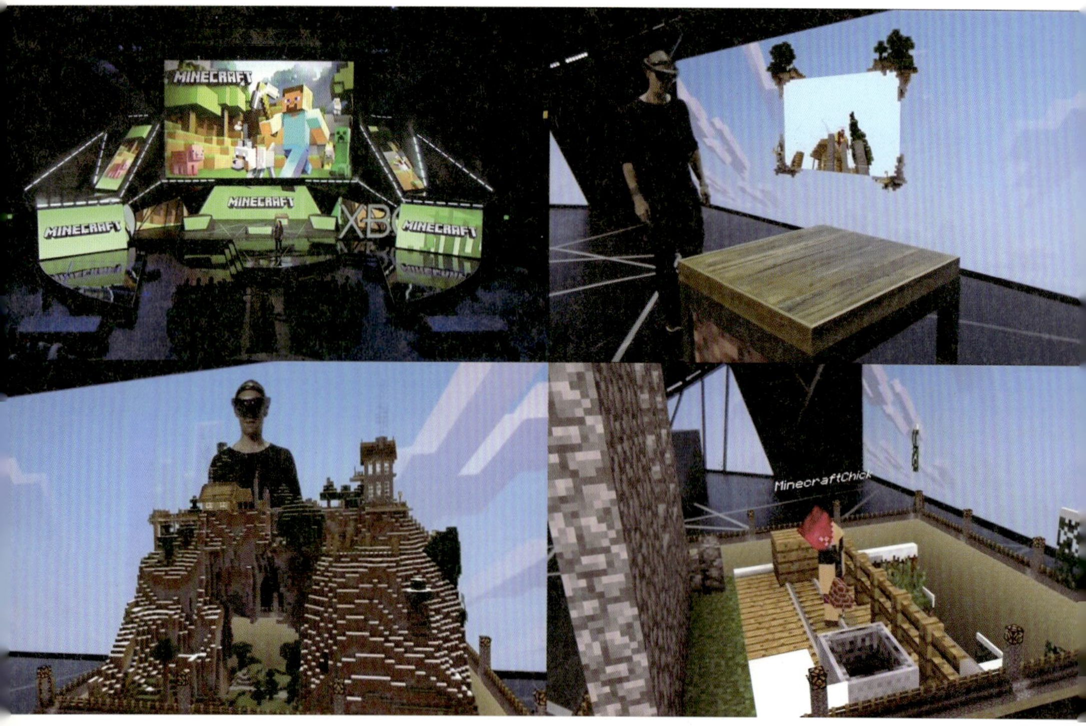

화상통화의 3D 버전, 홀로포테이션

출처 Microsoft HoloLens, https://youtu.be/_3Y7BXEbqcg

홀로포테이션(holoportation)은 홀로렌즈(hololens)와 교통(transportation)의 합성어입니다. 홀로렌즈의 기술을 이용해 거리에 상관없이 양방향 소통이 가능한 새로운 커뮤니케이션 방식을 말합니다. 화상통화의 3D 버전 정도로 이해하면 됩니다.

_______ **홀로렌즈 개발자용 출시** 미국과 캐나다에서 판매가 시작된 개발자용 홀로렌즈입니다. 가격은 3,000달러(약 370여만 원).

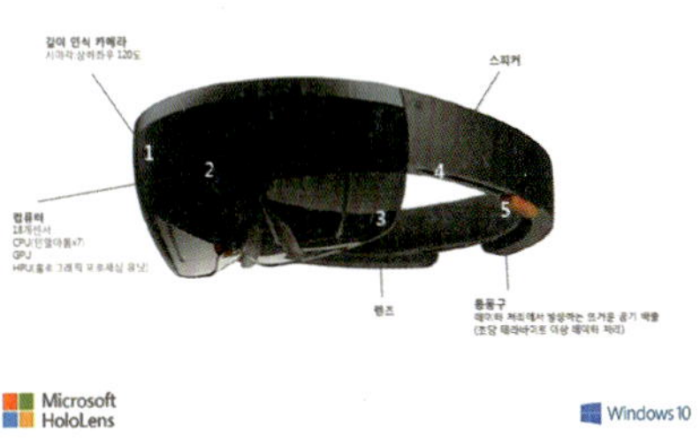

홀로렌즈, 액션그램

출처 Microsoft Research, https://youtu.be/84ngPFBWLVI

홀로렌즈 속 시작메뉴에서 실행되는 액션그램은 현실에서 가상의 캐릭터를 움직여
다양한 활용을 할 수 있게 만들어 마음껏 증강현실을 즐길 수 있습니다.

홀로렌즈를 뛰어 넘는 MR 전용 헤드셋 '링크(Linq)'

출처 www.linqmr.com/press

홀로렌즈 이상의 간편한 사용자환경과 성능을 제공한다는 링크는 스테레오랩스(Stereolabs)에서 개발한 제품입니다. 별도의 연결 기기 없이 일체형으로 제작된 제품으로 실제 인간과 비슷한 수준의 시야각을 제공합니다. 또한, 고품질의 콘텐츠를 선보이기 위해 유니티와 언리얼 엔진으로 제작하였습니다. 정확한 가격은 공개되지 않았지만, 대략 50~80만 원 수준으로 추측해볼 수 있습니다. 그래도 3,000달러에 달하는 홀로렌즈에 비하면 매우 저렴한 가격입니다. 이 제품은 2017년 초 개발자 버전으로 우선 출시된다고 합니다.

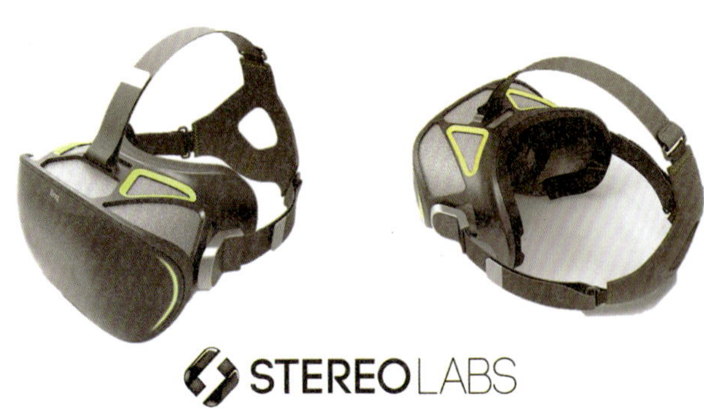

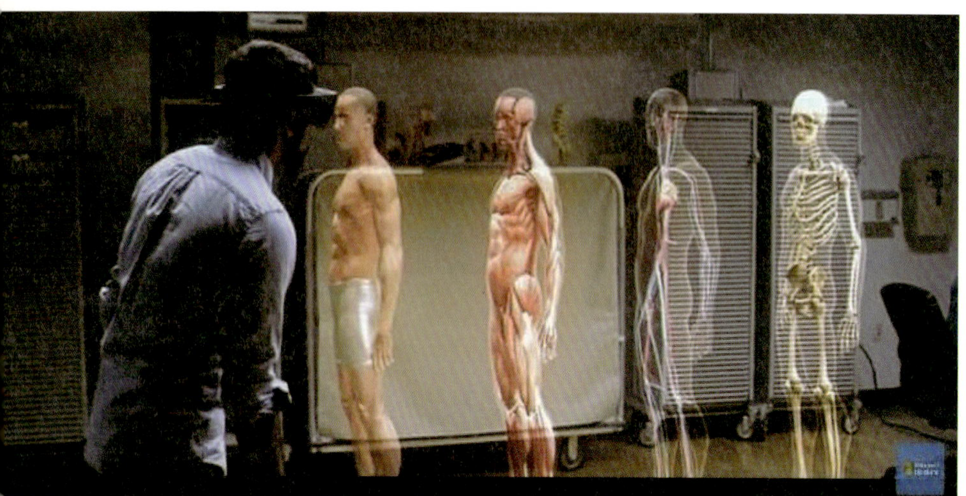

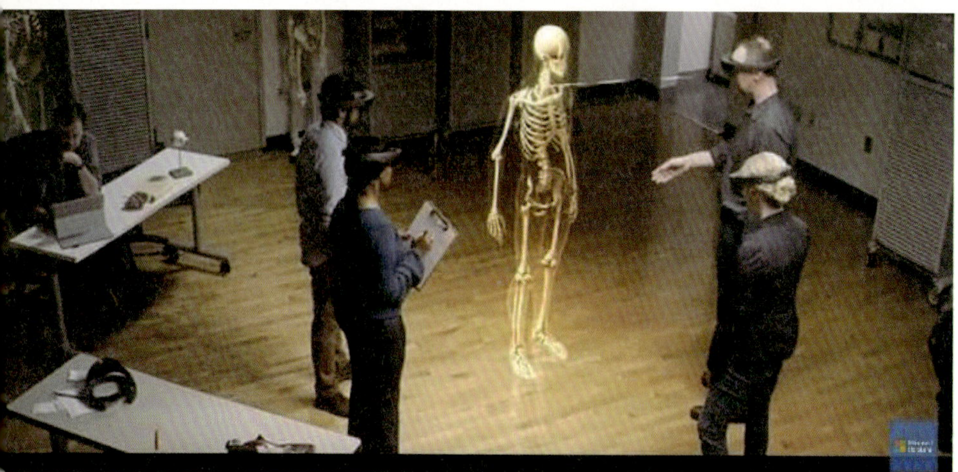

홀로렌즈를 이용한 의대생들의 수업 모습   **출처** MS 블로그

홀로렌즈, 갤럭시 익스플로러(Galaxy Explorer)

교육용 우주 비행 앱

출처 MS

홀로렌즈, 그래브 더 아이돌(Grab the idol)

장애물을 피해 아이돌 조각을 해체하는 퍼즐 게임

출처 MS

홀로렌즈, 에어쿠아리움(Airquarium)

교육용 가상 에어쿠아리움 　　　　　　　　출처 MS

저자의 트렌드 평

■ 홀로렌즈+소셜VR = 소셜MR?

결국 사용자는 홀로렌즈(MS)를 착용하고 소셜VR(페이스북)을 사용하고 싶을 것입니다. 더 가볍고, 더 강한 성능에 더 저렴한 기기가 개발된다면 더 많은 사용자가 혜택을 볼 것으로 기대해봅니다.

한류스타 인공지능 목소리 상품

페이스북의 창업자 마크 주커버그가 개발한 인공지능 비서 '자비스(Jarvis)'가 공개되었습니다. 아시다시피 자비스는 영화 아이언맨에 등장하는 인공지능 비서의 이름입니다. 자비스가 기존 인공지능과 다른 점은 크게 세 가지. 얼굴을 인식해 문을 열어주고, 서로 다른 사용자의 목소리를 구별하는 것 그리고 자비스의 목소리가 미국 영화배우 '모건 프리먼'이라는 사실입니다. 필자가 우선 언급하고 싶은 부분은 목소리입니다. 이미 우리는 이와 유사한 서비스를 사용한 경험이 있기 때문이지요. 지금은 익숙하지만, 휴대전화에서 원곡의 벨소리를 듣기까지 꽤 오랜 시간이 걸렸습니다. 노래뿐 아니라 좋아하는 영화나 드라마의 대사까지도 별도 구매를 통해 벨소리로 설정했던 기억이 있습니다. 또한 익숙한 연예인의 목소리에 맞춰 온라인 고스톱을 즐겼던 기억도 있습니다.

앞으로의 인공지능 목소리 설정이 이와 같은 방식의 상품으로 출시될 가능성이 높습니다. 한류스타 송중기의 목소리로 설정된 인공지능이 아침 잠을 깨우고, 그날의 일정을 알려주고, 추운 날씨에 감기 걸릴 수 있으니 따뜻하게 입고 출근하라는 안부 메시지까지 듣게 된다면, 하루하루가 행복해지지 않을까요. 한 침대에서 생활하는 부부에게는 격일로 목소리 설정이 자동으로 바뀌는 기능을 권해드립니다.

초인종 소리와 동시에 스마트폰으로 문 앞에 대기 중인 방문자의 모습이 보여집니다. 홀로렌즈를 착용하고 있다면, 홀로렌즈를 통해 확인할 수 있겠지요. 인공지능과 관련된 구매 가능한 상품에는 또 무엇이 있을까요? 상상하는 그 이상의 무언가가 우리를 기다리고 있다는 사실에 설레기만 합니다.

기업은 새로 개발된 기계는 빠르게 사들이지만,

신규 채용에는 느리게 행동합니다.

당신이 새로 개발된 기계보다 나은 점이 무엇인지

빠르게 전달해야 하는 능력이 필요합니다.

퇴근길, 지하철 광고 카피에 자꾸 눈길이
갑니다.

쌓인 피로, 스트레스, 이젠 SF 영화, 액션
영화의 주인공이 되어 말끔하게 풀어버리
세요! 20분이면 충분합니다.

"도심 속 테마파크가 당신을 기다립니다."

MR 더 보이드
도심 속 테마파크

더 보이드

First look at THE VOID
출처 THE VOID, https://youtu.be/cML814JD09g

더 보이드는 VR과 AR이 결합된 복합형 테마파크를 지향하는 스타트업입니다. 미국 솔트 레이크 시티에 위치한 더 보이드는 진짜 같은 가상현실 구현을 위해서 VR기기 뿐만 아니라 주변 환경까지 활용합니다. 실제로 사용자는 벽과 장애물 등의 구조물이 설치된 공간에서 비바람과 스모그와 같은 4D 효과까지 곁들여진 다양한 VR체험을 경험하게 됩니다. 60x60 피트(약 18x18미터) 정도의 방안에서 HMD, 컨트롤러, 백팩 PC, 특수 햅틱 수트, 트래킹 글러브 등을 착용하면 센서를 이용해 이동과 움직임을 추적하고, 그에 맞춰 게임 속 사물과 상호작용할 수 있습니다.

THE
VOID

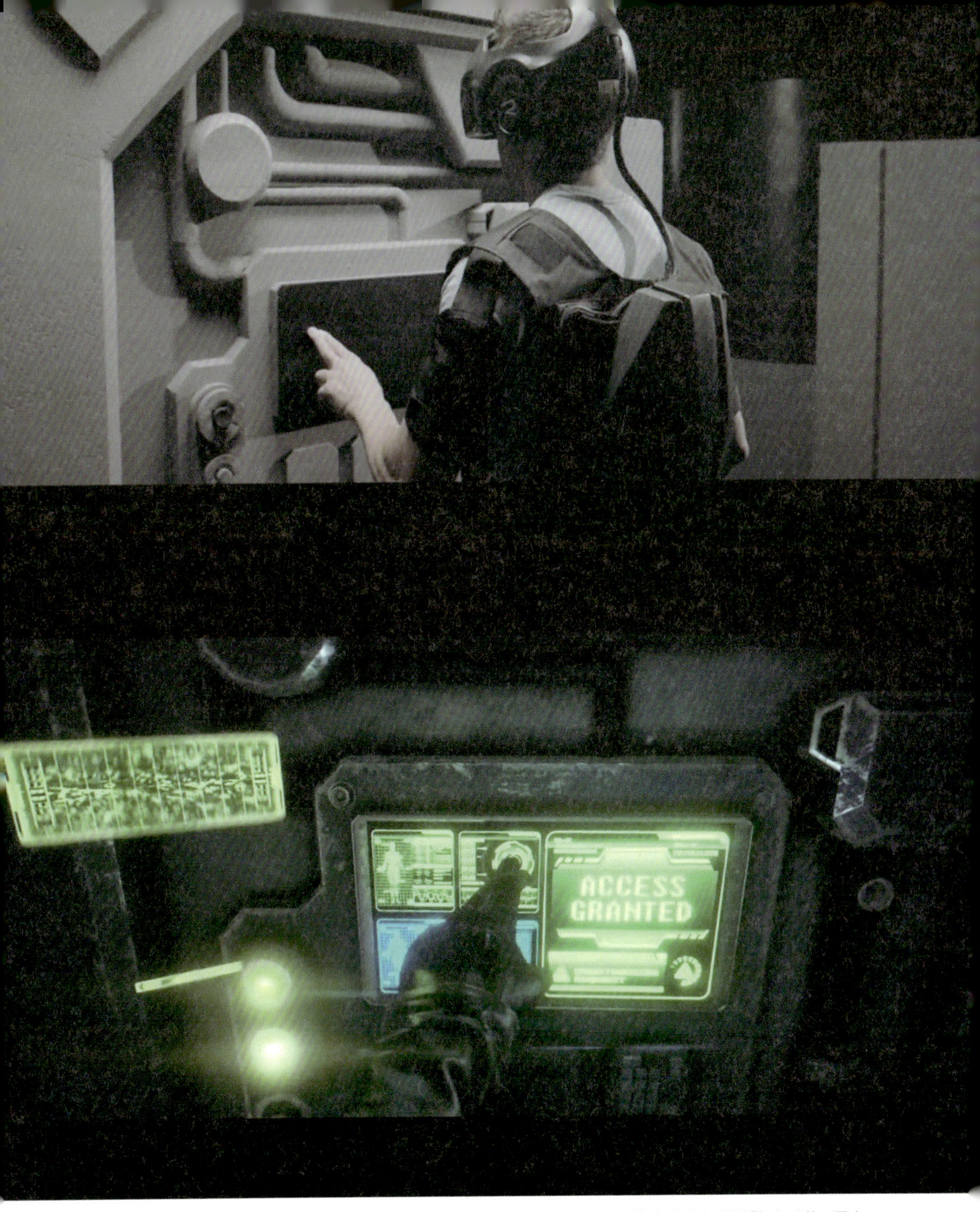

평범한 벽면을 터치하는 것처럼 보이지만, 사용자의 시야에는 암호를 입력해야만 입장할 수 있는 특수
장치로 보여집니다.

연인과 함께 파트너가 되어 즐길 수 있고,

슈팅게임에는 그에 어울리는 별도의 장치가 제공되기도 합니다.

실타래가 걸려 있고, 엉뚱한 물체를 들고 이동하는 것 같지만, 이는 햅틱 수트에서 느끼는 진동과 달리 현실감 있는 체감효과를 제공합니다.

팀 동료들과 점심 먹고 잠시 들러 20분간 게임을 즐길 수 있습니다. 비용은 20분에 34달러 정도로 예상하고 있다고 합니다.

제로 라텐시(Zero Latency)

세계 최초로 호주 멜버른에 VR방이 생겼습니다. 바로 '제로 라텐시'입니다. 더 보이드와 차이점은 400제곱미터(약 180평) 게임 공간에 129개가 넘는 플레이스테이션 천정 카메라가 사용자의 움직임을 세밀하게 관찰하고 안전매트 보강으로 부상의 위험을 덜어준다는 점입니다. 사용시간은 50분이며, 비용은 약 8만 원 정도라고 합니다.

저자의 트렌드 평

과거 운전면허증을 획득하기 위해 자동차 시뮬레이터를 통해 실내에서 운전연수를 했던 기억이 있습니다. 과거의 기술은 현존하는 콘텐츠의 연속으로 사용되어 왔지만, 앞으로의 기술은 현존하지 않는 콘텐츠의 연속으로 사용될 가능성이 높습니다. 그렇게 되면 세대에 따라 우선 접근하게 되는 콘텐츠는 분명 차이가 있을 것으로 보여집니다. 젊은 세대는 가상의 콘텐츠, 기성 세대는 현실 기반의 콘텐츠에 우선 관심을 보일 것이고 그 사이에서 소비가 발생하게 될 것입니다. 시간당 6천 원의 시급을 받는 알바생이 20분에 4만 원하는 MR게임과 1시간에 500원하는 PC방 중 어디에 더 많은 지출을 할 것이고, 소비여력은 있으나 시간이 없거나 정장차림으로 방문한 MR 게임방에서 별도의 장비를 착용하는 번거로움을 감수하면서 1년 중 몇 번이나 방문하게 될까요? 물론 변수는 있습니다. 각종 할인 서비스와 부가상품 판매 등으로 다양한 마케팅을 펼칠 수 있다는 점입니다. 반드시 경쟁사를 동종업종으로 구분해서는 안 된다는 당부의 말씀을 드리고 싶습니다. 노래방, 당구장, PC방, 스크린 골프장, 기타 등등 인간이 유희적 존재라는 사실을 확인시켜 주는 콘텐츠는 너무나 많습니다. 그들과의 차별화 포인트에 좀 더 집중한다면 초창기 MR산업은 어려움 없이 자리잡을 수 있지 않을까 생각합니다.

미래 가능 콘텐츠

■ MR카트라이더

한국형 MR콘텐츠로 카트라이더를 추천합니다. 4D 효과로 물풍선과 안개, 바람이 사용되면 남녀노소 누구나 즐길 수 있는 한국형 MR콘텐츠가 되지 않을까 예상해봅니다.

■ 기존 스포츠 클럽과의 콜라보레이션

볼링 핀에 AR폭탄 핀이 설치되고, 배드민턴 코트에 AR괴물이 등장하고, 탁구 테이블 위로 점수 획득이 가능한 버블이 나타납니다. 익숙한 스포츠에 결합된다면, 훈련효과와 재미를 동시에 만끽할 수 있을 것입니다.

■ 훈련

실제로 MR기술은 재난대비훈련과 군사훈련에 일부 사용되고 있습니다. 지진이 자주 발생하는 일본의 경우, 지진과 관련된 대비훈련과 시설이 잘 갖춰져 있는 것처럼 우리나라도 자체 기술을 활용한 재난대비훈련과 군사훈련에 더 많은 투자가 이루어져야 할 것으로 보입니다.

스멜머신 & 점심메뉴 추천 알고리즘

PC방에서 먹는 라면, 당구장에서 먹는 짜장면, 비 내리면 생각나는 파전, 눈 내리면 생각나는 호빵, 영화 볼 때 집어먹는 팝콘, 생일날 축하하는 케이크. 그때그때 상황에 따라 환경에 따라 유독 생각나는 음식들이 있습니다. 매출이 높은 PC방의 사장님은 일부러 알바생에게 손님이 많이 자리하고 있는 PC 주변에서 라면 간식을 먹게 한다고 합니다. 그러면 시간이 얼마 지나지 않아 라면 냄새에 홀린 손님들의 라면 주문이 이어진다는 것이지요. 오늘 점심은 무얼 먹을까 늘 고민하는 직장인들 책상에 중식당에서 나눠준 '스멜머신'이 놓여있다면 어떨까요? 고민할 때쯤 돼서 홍합짬뽕 냄새가 스프레이처럼 한 번 풍겨져 나오는 것이지요. 냄새가 불편하다면, 작년 재작년 이맘때쯤 점심 메뉴 결제 데이터를 바탕으로 가장 많이 결제된 식당 메뉴를 추천해주는 서비스는 어떨까요? 주변 식당의 조건과 가격대, 성별, 세대까지 고려해서 말이지요.

아이폰 인공지능 '시리'에게 "오늘 점심 뭐 먹을까?"라고 물으면, 시리의 대답은 이렇습니다. "과일과 채소 그리고 물을 많이 드세요. 약간의 초콜릿도 나쁘진 않겠죠."

감기에 걸린 사용자의 몸 상태까지 고려한 메뉴 추천은 언제쯤 가능해질까요?
더 보이드의 MR콘텐츠가 특별한 것은 비, 연기 그리고 거미줄과 같은 4D 효과가 곁들여지기 때문입니다. 특별한 테마가 아닌 일상생활에서의 4D 효과가 가능한 날이 빨리 오기를 기다려 봅니다.

과거는 바꿀 수 없어도 미래는 바꿀 수 있다.

왜냐하면 지금 책을 읽고 있기 때문이다.

이것이 내가 책에서 배운 최고의 진리다.

(아시아 최고 갑부 청콩그룹회장, 리카싱)

COOTRASANA
HERNAN ORTIZ
COOTRASANA
GET YOUR
MONKEY
Google Who am I?
BONUS JOB
MASCO
Costumed R.
Assistant, select
accept
8 MONKEYPOINTS
BONUS JOB
PROOF READING
premium only
8 MONKEYPOINTS
BONUS JOB
ELDERLY CARE
special offer on now!
G FOR DOGS
8 MONKEYPOINTS
POIN
JOB MONKEY
LEVEL 4

MR초현실
삶의 기술은 증강되고, 생각의 기술은 스스로 증강되어야 한다

상상했던 일들이 조금씩 현실이 되어 가고 있습니다. 수만 가지 상상 중에 이제 겨우 몇 가지 현실에 가까워졌을 뿐인데, 분위기는 이미 상상 이상이 되어가고 있습니다. 현실이 아닌 상상일 뿐이라고 하겠지만, 이미 기술은 상상력을 기반으로 발전해왔다는 사실을 잊어서는 안됩니다. 여기 상상력이 결합된 영상 세 가지를 준비했습니다.

하이퍼 리얼리티

HYPER-REALITY
출처 Keiichi Matsuda, https://youtu.be/YJg02ivYzSs

가까운 미래에 이처럼 일상화된 미래의 모습을 직접 그려나갈 수 있지 않을까요? '하이퍼 리얼리티'라는 제목의 이 영상은 디자이너 겸 영화감독으로 활동하는 마쓰다 케이치(Keiichi Matsuda)의 작품입니다. 그가 운영중인 스튜디오는 비디오와 건축, 인터렉티브 미디어를 사용하여 가상과 물리적 사이의 경계를 허물고 새로운 시각의 도시 플랫폼을 제시합니다. 실시간 통역기술로 소통의 어려움이 사라지고, 인공지능의 발달로 기초적인 삶의 기반이 윤택해집니다. 영화나 드라마에서나 가능했던 PPL 광고가 생활 곳곳에 파고들면서 최신의 기술을 별도의 비용지불 없이 사용하게 될 수도 있습니다.

hyper
-reality

Z1000
*3 LOYALTY
Bully!
ENTERTAINMENT
INCOMING CALL
INSPIRATION GURU
22
JOB MONKEY
URGENT
BUY GROCERIES
FOR MR D. JURADO
DOOM!
POINTS MANAG

SYSTEM UPDATES
AVAILABLE
3 NEW MESSAGES
BEACH
BODY
JOB MONKEY
URGENT
BUY GROCERIES
FOR MR D. JURADO
NEXT
Google Who am I?
POINTS MANAGER
JOB
MONKEY
LEVEL
4
JOB
MONKEY
LEVEL
23
RICE
you deserve to look fabulous
LOSE WEIGHT
FEEL GREAT!
try it
i
$0.00
éxito
level 99
MY SHOPPING LIST
Half watermelon
Alpinette yoghurt
200g cream cheese
recipes
COCONUTS

ter
spreads milk
EAT YOGHURT, GET LAID!
EAT YOGHUR
éxito

DOUBLE
POINTS!
dairy
pizza
customer
support
Hello Emilio. What can
What's happen
Don't worry, your
Anything else I can
This isn't Emilio! This is
Please hold
Hey Juliana Restrepo,
great to see you! What
can I do for you
today?
Terms
yoghurt
help
yo
nee
Useful information
points
éxito
level 99
movistar
call us
connected
menu

스마트 콘택트렌즈

Sight: Contact Lenses with Augmented Reality - Futuristic Video
출처 Esteban Vallejo, https://youtu.be/GJKwHAvR4uI

AR스마트 콘택트렌즈를 착용하고 거실 바닥에 누워 스카이 다이빙을 즐기고 있습니다.

냉장고를 열면 보관된 음식과 재료 상태를 확인할 수 있고, 조리를 할 때는 쉐프마스터가 등장해 재료 손질과 조리법을 알려줍니다.

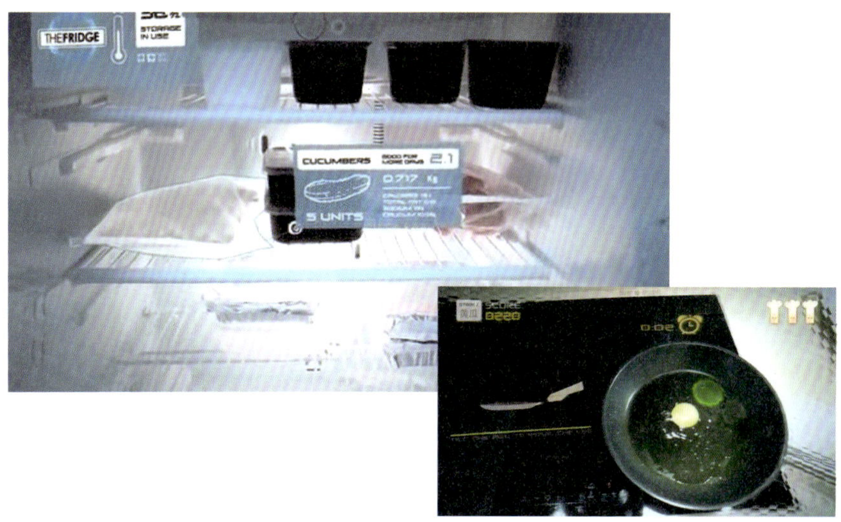

소개팅에 어울리는 의상을 코디해주고, 소개팅 자리에서는 상대방이 좋아하는 취향의 정보들을 수시로 띄워 알려줍니다. 결국 상대방 여성도 남성과 똑같은 AR스마트 콘택트렌즈를 착용하고 있었다는 내용을 마지막으로 보여주면서 영상은 마무리됩니다.

고스트 버스터즈, 더 보이드

Ghostbusters: Dimension Hyper-Reality Gameplay Trailer - THE VOID
출처 THE VOID, https://youtu.be/_QlbI4Wtgug

더 보이드사에서 처음으로 공개한 가상현실을 뛰어넘는 하이퍼 리얼리티 콘텐츠, 고
스트 버스터즈입니다. 소니 픽처스와 고스트 코퍼레이션의 제휴로 제작된 이 콘텐
츠는 실시간 대화형 환경의 레이어링을 활용하고 현실과 디지털이 혼합된 환경에서
VR이상의 몰입감과 현실감 있는 게임을 즐길 수 있습니다.

출처 thevoid.com

저자의 트렌드 평

미래에 실현 가능한 모습들을 무한한 상상력으로 그려낸 작품입니다. 물론 미래의 모습을 가상으로 그려낸 작품들은 많지만, 지금 사용되는 AR글래스가 앞으로 발전하게 될 방향을 제시한다는 점에서 의미가 남다르다고 판단됩니다. 또한 실생활에서 충분히 실현될 수 있는 소재를 바탕으로 제작되었다는 점에서 많은 이들의 공감을 이끌어낼 수 있을 것으로 봅니다. 보안문제와 사생활 침해라는 사회적 문제가 제기될 수 있지만, 이처럼 사전에 예상 가능한 문제점들을 파악해 미리 대비한다면 큰 어려움을 풀어나갈 수 있을 것입니다. 하지만 어디에나 변수는 있게 마련입니다. 강해지기보다 변화에 빠르게 적응할 수 있는 능력이 필요한 때입니다.

앞으로의 인공지능, 추억

인간이 가진 기억의 대부분은 학창시절과 과거 연인과의 추억이라고 합니다. 학업과 사랑으로 추억이 형성된 셈입니다. 시험공부 삼아 친구들과 모여 공부 20분에 수다 2시간을 떨던 기억, 잠시라도 더 함께 있고 싶어 1시간 넘게 지하철을 지나 보냈던 기억, 수업시간 들키지 않고 음악을 듣기 위해 교복 소매에 이어폰을 연결했던 기억, 연인에게 자연스런 모습을 연출하기 위해 BB크림 바르고선 방금 일어났다며 둘러댔던 기억.

앞으로의 인공지능이 갖추어야 할 기능은 추억이 되지 않을까 생각해 봅니다. 수다 2시간의 대화를 데이터로 분석했을 때, 언급된 단어들과 관심사에 맞춰 새로운 비즈니스 영역이 탄생할 테니까요. 기억 속에 존재하면 추억이 되지만, 데이터로 기억되면 비즈니스가 될 수 있다는 사실을 절대 잊어서는 안됩니다.

제주항공 VR을 활용한 마케팅 사례

출처 제주항공

승객에게 보다 가깝게 보다 친근하게 다가가기 위해 제주항공은 최신 트렌드에 어울리는 마케
팅을 펼치고 있습니다.